ALESSANDRO MAGNO

Scritto da Federico Corradini

Illustrato da Silvia Baroncelli

Prefazione di Eugenio Lo Sardo

Edizione: Prometeica - Milano

Prometeica è un marchio di proprietà di XChannel S.r.l.

Impaginazione e stampa: Bonazzi grafica - Sondrio

Prefazione: Eugenio Lo Sardo

Illustrazioni: Silvia Baroncelli

Editing: Eleonora Lizzul

"Quali fossero i pensieri di Alessandro, io non so congetturare con certezza, e neppure m'importa di farlo; penso tuttavia di poter affermare che non erano né ordinari, né meschini; che egli non sarebbe rimasto contento di ciò che possedeva, neppure se avesse aggiunto l'Europa all'Asia, o le isole britanniche all'Europa: sempre avrebbe cercato qualcosa di ancora ignoto, e se non avesse avuto altri rivali, sarebbe stato il rivale di se stesso"

Arriano, *Anabasi di Alessandro - VII, 1.4*

INDICE

PREFAZIONE

Cari amici,

la storia, a volte, è più inverosimile del sogno. E Alessandro, re di Macedonia, visse come in un sogno. Voleva arrivare fino ai confini del mondo, dove le acque salate dell'Oceano che tutto circonda si congiungono con i vapori benefici dell'universo. Spinto da una passione incontenibile, attraversò con i suoi compagni monti altissimi, deserti infuocati, fiumi impetuosi (lui che non sapeva nuotare!), sconfiggendo in battaglia tutti gli eserciti che incontrò.

Fin da bambino avrebbe voluto imitare le gesta di Achille, l'eroe greco per eccellenza, cantato da Omero nella famosissima Iliade. Lo animava il desiderio di conquista, certo. Ma allo stesso tempo era spinto dalla volontà di esplorare, conoscere e unire il genere umano in un solo popolo.

Per tutta la vita è stato molto legato ai suoi compagni di scuola, pur dovendo perdonare loro qualche dispetto. Anche lui, tuttavia, aveva dei difetti: perdeva spesso la pazienza e commetteva azioni di cui poi si pentiva.

La lucida follia del nostro grande eroe, come lui stesso sapeva, aveva però cambiato il mondo e avvicinato genti diverse per cultura e appartenenti ad antichissime e sublimi civiltà.

Eugenio Lo Sardo

INTRODUZIONE

Questa è la storia di un ragazzo invincibile, un modello da ventitré secoli, anche per Cesare e Napoleone. In tredici anni ha percorso coi suoi compagni trentamila chilometri, dalla Grecia all'India, unificando l'Oriente e l'Occidente in un sogno multietnico. Nel tragitto, nulla ha potuto fermare il suo coraggio in guerra, la sua generosità con gli amici, la sua rabbia coi nemici, la sua ambizione sconfinata, il suo desiderio di esplorazione.

Questo libro racconta, in venticinque storie brevi, il viaggio, le conquiste, i personaggi e i luoghi più famosi esplorati da Alessandro Magno. Si tratta di una raccolta accessibile a tutti: per introdurre e presentare in maniera facile e coinvolgente il mitico protagonista ai più piccoli, oppure per ricordare l'intensità del condottiero ai grandi.

Ogni storia di "Alessandro Magno per bambini" è lunga due pagine: una per descrivere i personaggi memorabili e i luoghi più affascinanti dell'avventura di Alessandro, l'altra per raccontare una curiosità e soprattutto per trarne ispirazione a beneficio dei lettori di oggi.

Per ognuna delle venticinque storie c'è una bellissima tavola a colori di Silvia Baroncelli. Non solo. Al termine di ogni racconto c'è un disegno di Silvia, tutto ancora da colorare: per liberare la fantasia dei bambini più creativi, o come passatempo rilassante dei genitori.

Siete pronti a seguire Alessandro fino ai confini del mondo? Si parte!

IL VIAGGIO
DI ALESSANDRO

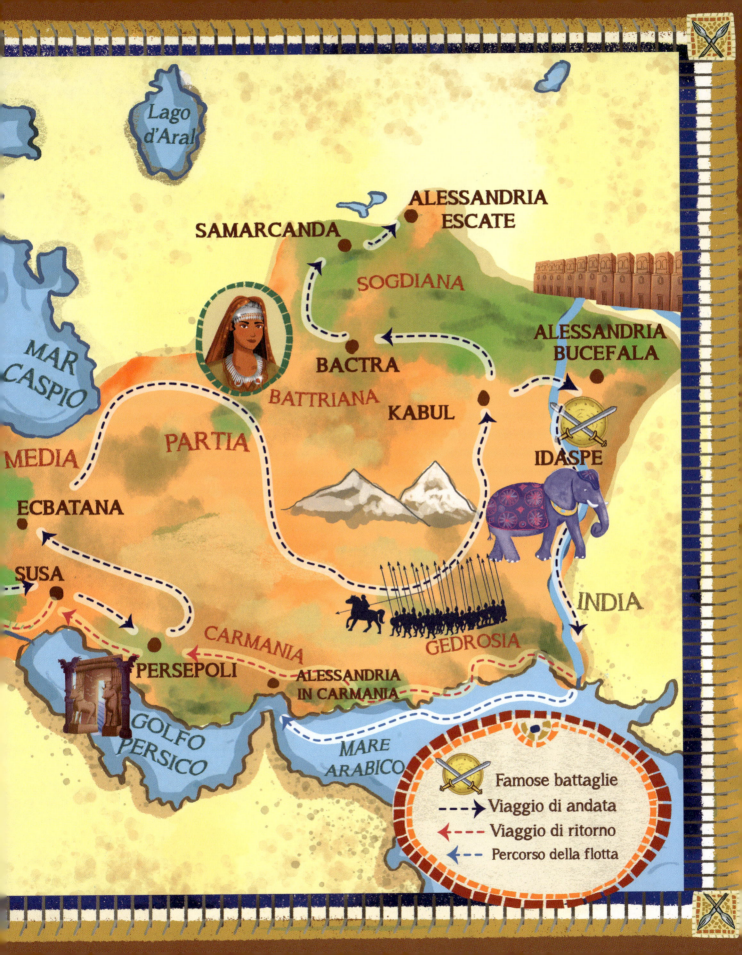

Il nome "Macedonia" viene dal greco **makedonòs**, che significa "uomo alto". E così dobbiamo aspettarci i suoi abitanti, considerati dei rudi montanari dai vicini Greci di duemilatrecento anni fa. Dalla loro prospettiva lo stesso regno di Macedonia è uno stato "alto", collocato a nord, oltre le pendici dell'Olimpo, la montagna sacra da dove gli dèi della mitologia guardano le vicende degli uomini.

Le città greche più in vista del momento - Atene, Sparta e Tebe - trattano con superiorità gli abitanti di quella zona remota: li giudicano barbari, che s'intendono solo di cavalli e legname, nonché grandi bevitori di vino. Tuttavia, il corso della storia sta per cambiare.

Nel 360 a.C. Filippo II diventa il diciottesimo re di Macedonia e avvia una politica di conquista, che presto lo porterà a dominare anche questi vicini altezzosi. In meno di trent'anni, il suo regno, posto sulle frontiere settentrionali del mondo più avanzato di allora ma anche a contatto con le tribù dell'interno, si espanderà fino a comprendere tutta la Grecia e la costa nord del mar Egeo, al confine est del continente europeo.

Quando, nel 336 a.C., il suo giovane figlio Alessandro sale al trono, a soli vent'anni, le conquiste del padre sono tutte da consolidare, certo. Ma al giovane principe, appena diventato re, questi orizzonti non bastano: lui guarda proprio ai nuovi confini orientali, perché il suo sogno è immenso... vuole unire l'Europa all'Asia!

UN SOGNO MULTIETNICO ATTRAVERSO VENTICINQUE NAZIONI

La Macedonia è uno stato di pascoli e foreste ai confini della Grecia, quella classica che si studia a scuola. Le sue due città più importanti, Pella ed Ege, sono in una fertile pianura alluvionale, che si estende a nord del monte Olimpo fino all'odierna città di Salonicco. Oltre a queste rigogliose vallate cittadine, il regno comprende le tribù delle montagne tutt'attorno, dominate da cavalieri aristocratici, litigiosi e fortissimi in battaglia.

Il padre di Alessandro, Filippo, è riuscito a mettere d'accordo i clan montanari dell'interno, sfruttando abilità diplomatica e matrimoni combinati. Ma è anche un poderoso guerriero: così è riuscito a sottomettere tutte le POLEIS, cioè le influenti città-stato greche del tempo. Inoltre, ha esteso i confini macedoni fino a Bisanzio, che oggi si chiama Istanbul, alla fine dell'Europa.

Dal regno paterno, accompagneremo Alessandro in un'avventura lunga trentamila chilometri. Un sogno multietnico attraverso venticinque stati moderni: Macedonia, Kosovo, Albania, Grecia, Bulgaria, Romania, Ucraina, Turchia, Armenia, Siria, Giordania, Israele, Libano, Cipro, Egitto, Libia, Iraq, Iran, Kuwait, Afghanistan, Turkmenistan, Tajikistan, Uzbekistan, Pakistan e India. Prima, però, facciamo un passo indietro, per conoscere meglio il nostro condottiero.

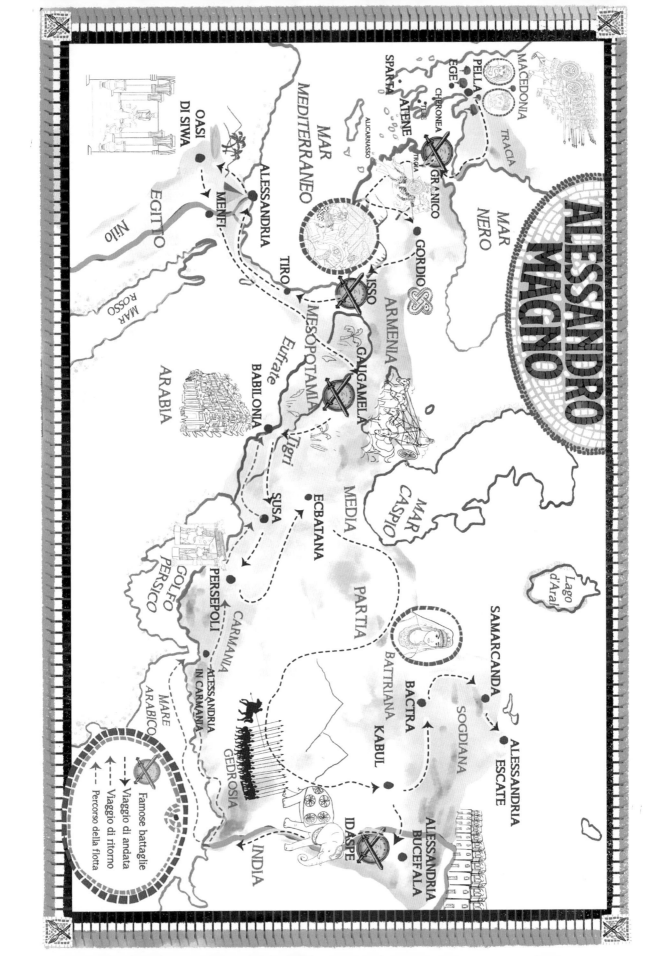

Questa storia di *Alessandro Magno*
è stata colorata da:

Nome...

Città o paese..

Che giorno è oggi...

La voglio appendere qui..

IL FIGLIO DI ZEUS

"Alessandro per parte di padre era delle stirpe di Eracle, in quanto discendente di Carano, e per parte di madre era della stirpe di Eaco, in quanto discendente di Neottolemo, il figlio di Achille: questo è noto e riconosciuto da tutti. Si dice che Filippo, suo padre, venne iniziato ai misteri a Samotracia insieme a Olimpia. A quel tempo lui era un ragazzo, e lei era orfana dei genitori: si innamorò della fanciulla, e così si sposarono, con il consenso del fratello di lei, Aribba. Ma alla giovane sposa, la notte precedente le nozze, parve di udire un tuono e che un fulmine la colpisse al ventre e che dalla ferita si levasse un gran fuoco che divampò in molteplici fiamme"

Plutarco, *Vita di Alessandro* - 2.

Torniamo assieme a una notte remota, lontana da noi più di duemilatrecento anni. È il 21 luglio dell'anno 356 avanti Cristo. A Efeso, ricca e monumentale colonia greca dell'Asia Minore, brucia il tempio di Artemide, una delle sette meraviglie del mondo antico. L'incendio divampa senza speranza! Sapete perché? La dea della fertilità è indaffarata con un parto leggendario, dall'altra parte del mare Egeo: a Pella, in Macedonia, sta nascendo il protagonista di questa storia, Alessandro.

Nel nostro viaggio lo chiameremo da subito Alessandro Magno. La parola "magno" deriva dal latino *magnus*, cioè "grande", che a sua volta traduce il termine *mégas*: in greco dovremmo quindi chiamarlo **Mégas Aléxandros**. Nel corso della sua vita, le sue campagne, militari e d'esplorazione, lo porteranno a unire un territorio grande come quello dell'Impero Romano, cioè più di cinque milioni di chilometri quadrati; un altro modo per riferirci a lui, quindi, è Alessandro il Conquistatore.

Anche la sua famiglia è tutta da raccontare. Il padre è Filippo II, re di Macedonia, discendente di Eracle, l'eroe semidivino delle dodici fatiche, che noi conosciamo meglio come Ercole. La madre è Olimpiade, principessa dell'Epiro, una regione che confina con il regno paterno e che oggi è in parte in Grecia e in parte in Albania; inoltre, si dice discendente da Achille, il guerriero fiero e imbattibile della guerra di Troia, protagonista dell'*Iliade* di Omero.

FORTE, BELLO, DISCENDENTE DA EROI E... FIGLIO DI UN DIO

Tra poco conosceremo meglio i genitori di Alessandro. Ma abbiamo detto tutto sulla sua nascita? Non proprio. Da sempre, infatti, Olimpiade racconta al figlio un'altra storia, quella secondo cui non è figlio di Filippo, ma di un vero dio. E non un dio qualunque, ma proprio il più importante: nientemeno che ZEUS in persona. Secondo la madre, infatti, un fulmine, uno di quelli che sta sempre in pugno al re degli dèi, avrebbe colpito il suo grembo in una notte tempestosa, nove mesi prima della nascita del bimbo.

Se guardiamo all'aspetto di Alessandro, però, si nota la somiglianza con il padre: è bello e forte come lui. Il principe è robusto e muscoloso fin da piccolo. Ha la pelle chiara, che emana un profumo dolce e che si arrossa per il sole, come succede anche oggi a chi, come lui, ha i capelli rossicci: preferisce tenerli lunghi e usa un balsamo di zafferano e zucca per tingerli di biondo.

La sua bellezza si può ancora ammirare nelle statue, nelle monete, nei medaglioni e nei mosaici. Alessandro ha scelto per le sue rappresentazioni artisti famosissimi, come lo scultore Lisippo e il pittore Apelle. Nei ritratti ha sempre la testa un po' inclinata a sinistra, come se fosse concentrato sui suoi sogni maestosi. Gli occhi sono pensosi, carichi di speranza e... sono di due colori diversi: uno azzurro come il mare e uno nero come la notte.

Questa storia di *Alessandro Magno*
è stata colorata da:

Nome...

Città o paese...

Che giorno è oggi..

La voglio appendere qui..

FILIPPO II
DI MACEDONIA

"Filippo intanto aveva appena conquistato Potidea e ricevette contemporaneamente tre notizie: la prima era che il suo generale Parmenione aveva sconfitto gli Illiri in una grande battaglia; la seconda che aveva ottenuto la vittoria a Olimpia nella corsa dei cavalli; la terza che era nato Alessandro. Gioì per le notizie, ma ancora di più si esaltò per la profezia degli indovini: quel bambino, nato insieme alle sue vittorie, sarebbe stato invincibile"

Plutarco, *Vita di Alessandro* - 3.

Come sappiamo, Olimpiade ripete spesso ad Alessandro la leggenda della sua origine divina, da predestinato: è figlio del re degli dèi e discende da Zeus in persona. Eppure Filippo, padre biologico del nostro protagonista, sembra un genitore di cui andare fieri e da cui prendere esempio, per essere un condottiero.

L'infanzia di Filippo è difficile ma anche molto istruttiva. Seguendo un'usanza dell'epoca, viene preso in ostaggio dai popoli confinanti, come garanzia per i trattati di alleanza: prima è prigioniero presso gli Illiri, le tribù stanziate al confine nord della Macedonia; poi viene mandato a Tebe, dove impara la lingua e la cultura greca. Proprio qui vive nella casa di Epaminonda, celeberrimo generale dell'epoca: da lui apprende le tattiche militari più innovative, come quelle della FALANGE OBLIQUA, che perfezionerà in età adulta, rendendo imbattibile l'esercito macedone.

La successione al trono dei discendenti di Eracle è sempre molto movimentata, tra intrighi di palazzo d'ogni tipo e morti violente. Con astuzia, Filippo II diventa re nel 360 a.C., inaugurando una stagione di vittorie: prima sconfigge gli Illiri a nord, poi i Traci a ovest e, infine, la Tessaglia a sud-est. Durante un assedio viene ferito al viso e perde l'occhio destro: da questo momento in poi una vistosa cicatrice rimarrà in mezzo al viso barbuto, senza però pregiudicarne il fascino, che continuerà a riscuotere grande successo tra le donne.

DEMOSTENE E IL MOTIVO PER CUI SI DICE "È UNA FILIPPICA"

A sud della Tessaglia rimangono indipendenti le temibili *poleis* della Grecia: Atene è la più potente e con essa Filippo cerca di trattare in tutti i modi. In città ci sono due politici influenti, che sono anche famosi oratori, cioè uomini capaci di parlare bene in pubblico per indurre l'assemblea a votare una legge. Uno dei due vuole che gli ateniesi trattino la pace con la Macedonia: si chiama Eschine. Il secondo è Demostene: lui vuole la guerra, a tutti i costi.

Demostene è l'avversario più agguerrito della politica espansionistica di Filippo. Durante tutto il suo regno elabora discorsi efficaci contro di lui. Sono attacchi a parole, ma sofisticati e potenti. L'autore ne fa dei documenti ufficiali, ovvero le FILIPPICHE; giunte fino a noi, sono tra gli esempi più importanti di arte oratoria. Perciò, ancora oggi, si dice "è una filippica": un'espressione che serve a indicare un'invettiva aspra, violenta e polemica.

In ogni caso, Filippo sconfiggerà le *poleis*; anzi, lo farà proprio con l'aiuto del giovane Alessandro. Così la piccola Macedonia dominerà su tutti i territori che dalla Grecia si spingono fino al confine con l'Asia. Già il padre aveva il desiderio di andare oltre, per aggredire l'immenso Impero persiano; ma sarà il figlio, dopo di lui, a realizzare questo disegno temerario.

Questa storia di *Alessandro Magno*
è stata colorata da:

Nome ....

Città o paese ....

Che giorno è oggi ....

La voglio appendere qui ....

OLIMPIADE D'EPIRO

"Riguardo a tali fatti c'è poi anche questa spiegazione: tutte le donne che abitano quelle regioni, fin dai tempi antichissimi, sono iniziate ai riti orfici e dionisiaci [...] Olimpiade più di tutte le altre donne praticava questi riti e si abbandonava più selvaggiamente delle altre all'invasamento divino: si trascinava dietro nei banchetti grandi serpenti addomesticati, che spesso sbucavano dalle fronde di edera e dalle ceste sacre, e si avvolgevano sui tirsi e intorno alle corone delle donne, terrorizzando gli uomini"

Plutarco, *Vita di Alessandro* - 2.

Durante tutta l'infanzia, Alessandro ha sotto gli occhi l'esempio di un padre che conduce campagne militari di continuo, vincendo una battaglia dopo l'altra, sopravvivendo alle ferite più gravi. Da lui eredita, inoltre, un esercito forte, organizzato in maniera innovativa, migliorando il modello appreso da Filippo a Tebe. Infine, come vedremo tra poco, sarà lo stesso Filippo ad avere la più brillante idea per l'istruzione del figlio.

Tuttavia, l'influenza della madre e della sua famiglia non sarà meno importante per Alessandro. Olimpiade è la principessa dell'Epiro, una terra che oggi sarebbe in parte in Grecia e in parte in Albania, di fronte alla costa italiana della Puglia. Bellissima, colta, misteriosa: Filippo s'innamora di lei a prima vista, a Samotracia. Dopotutto, Olimpiade è una donna dal fascino enigmatico: iniziata ai misteri di Dioniso, vive senza paura a contatto con i SERPENTI SACRI al dio e guida le processioni in suo onore.

Da questa indomita aristocratica, e dalla sua famiglia, il nostro protagonista erediterà un tratto centrale della sua personalità: l'ambizione smisurata ed eroica. Da un lato, infatti, Alessandro viene cresciuto nell'idea di costruirsi un destino all'altezza della sua origine divina. Dall'altro, dobbiamo ricordarci che i re dell'Epiro hanno un famosissimo antenato nel guerriero per eccellenza, un combattente invincibile: la dinastia epirota discende infatti da Achille, il protagonista dell'*Iliade* di Omero.

ACHILLE, L'ANTENATO A CUI GUARDARE COME A UN MODELLO

La Macedonia di Alessandro è una società che assomiglia molto a quella dei poemi di Omero. Un mondo di nobili che vivono con il proprio re, dai banchetti alla battaglia, da pari a pari. L'*Iliade* è un punto di riferimento, un libro da cui imparare a vivere; per Alessandro, che discende da *Achille*, è l'unico modello che conta.

Il protagonista dell'*Iliade* è l'eroe con cui Alessandro cresce, l'esempio a cui si ispira. Un antenato, per parte di madre, a cui guardare come a un mito poetico e venerabile, ma anche un rivale da battere. Per gli eroi di Omero, infatti, la vita è una competizione da vincere a ogni costo.

Achille è giovane e sprezzante del pericolo, un uomo d'azione e di passione, che a volte si mostra spietato oltre ogni limite. Eppure, come Alessandro, è anche un uomo sensibile alla nobiltà delle persone che incontra: per loro ha un cuore tenero e con loro sa essere generoso. L'Achille di Omero, infine, è un personaggio tragico, che ha davanti a sé la possibilità di scegliere tra due opzioni. Insomma, può decidere del suo destino: morire giovane, nella gloria immensa e immortale; oppure avere una vita lunga ma anonima, finendo dimenticato da tutti. Il nostro Alessandro dovrà scontrarsi anche con quest'ultima analogia.

Questa storia di *Alessandro Magno*
è stata colorata da:

Nome..

Città o paese..

Che giorno è oggi...

La voglio appendere qui...

ARISTOTELE, IL MAESTRO

"Questo vale appunto anche per le virtù: infatti, a seconda di come ci comportiamo nelle relazioni che abbiamo con gli altri uomini, diventiamo gli uni giusti e gli altri ingiusti; a seconda di come ci comportiamo nei pericoli, cioè se prendiamo l'abitudine di aver paura o di aver coraggio, diventiamo gli uni coraggiosi, gli altri vili [...] Non è piccola, dunque, la differenza tra l'essere abituati subito, fin da piccoli, in un modo piuttosto che in un altro; al contrario, c'è una differenza grandissima, anzi è tutto"

Aristotele, *Etica Nicomachea* - Libro II

Filippo capisce presto che Alessandro ha un carattere indomabile, con una predisposizione a lottare per non subire costrizioni; ma vede anche bene che il figlio si lascia ricondurre al dovere, se persuaso con l'uso della ragione. Perciò chiama a istruirlo il filosofo più famoso di tutti i tempi: ARISTOTELE.

Aristotele è figlio di Nicomaco, medico di corte dei re di Macedonia, e Filippo lo conosce già. Non è facile per lui convincerlo ad accettare questo lavoro; sembra, infatti, che il re gli abbia promesso, in cambio del favore, la ricostruzione della sua città, Stagira, che solo qualche anno prima aveva distrutto e annesso al suo regno.

Siamo nel 342 a.C. Il filosofo ha quarantadue anni, mentre l'allievo quattordici; le lezioni durano due anni e Filippo sceglie per il figlio il Ninfeo di Mieza, un posto sacro fuori città, immerso nella natura. Ancora oggi, a Mieza, è possibile vedere la panca di Aristotele e la sua aula, ovvero le grotte ombrose e i viali alberati intorno: le lezioni, infatti, si svolgono sempre in piedi e all'aperto.

Le materie in programma sono filosofia, scienze, politica e medicina, ma anche arte e letteratura. Alessandro ama leggere. Il libro che preferisce è l'*Iliade* di Omero, il poema epico che ha come protagonista il suo antenato-idolo: Achille. Aristotele realizzerà un'edizione speciale dell'opera per Alessandro e lui la terrà sempre con sé, anche di notte, sotto il cuscino... assieme a un pugnale affilato!

I MIGLIORI AMICI DI ALESSANDRO?
I COMPAGNI DI SCUOLA

Alessandro non è l'unico studente delle lezioni all'aperto con Aristotele al Ninfeo di Mieza. Con lui c'è una classe di amici che accompagnerà il nostro condottiero in tutte le sue imprese future.

Il primo è **EFESTIONE**, il migliore amico di Alessandro. Coetaneo del futuro re, è un po' più alto e anche un po' più muscoloso del nostro giovane protagonista. Con lui Alessandro si confronta prima di prendere le decisioni più importanti, a lui chiede consiglio per le cose a cui tiene di più e sempre a lui racconta tutti i suoi segreti. Sia Efestione che gli altri compagni di Alessandro saranno suoi amici per sempre, seguendolo in mille avventure alla conquista del mondo. C'è **NEARCO**, che da grande diventerà ammiraglio della flotta macedone. E poi c'è **CRATERO**, che comanderà l'esercito di Alessandro.

Tra gli amici di gioventù c'è anche **TOLOMEO**, che ha qualche anno in più di Alessandro. Da grande diventerà nientemeno che re d'Egitto, cioè faraone. Da lui nascerà una dinastia destinata a governare per tre secoli e da lui discende una regina famosissima: **CLEOPATRA**. Anche quest'ultimo è, d'altra parte, un nome di origini macedoni. Sapete, per esempio, come si chiama la sorella di Alessandro Magno? Esatto, proprio Cleopatra!

Questa storia di *Alessandro Magno*
è stata colorata da:

Nome..

Città o paese...

Che giorno è oggi...

La voglio appendere qui..

L'INDOMABILE BUCEFALO

"[...] allora Alessandro corse subito dal cavallo, lo afferrò per la briglia e lo fece girare verso il sole poiché aveva capito che si agitava vedendo muoversi la sua ombra proiettata a terra [...] Quelli che stavano con Filippo dapprima erano in ansia, silenziosi, ma quando Alessandro fece voltare il cavallo e ritornò fiero e felice, alzarono un grido di trionfo. Il padre, dicono, pianse per la gioia, e quando Alessandro smontò gli baciò il capo e gli disse: «Figlio mio, cerca un regno che sia alla tua altezza: la Macedonia certo non ti basta!»"

Plutarco, *Vita di Alessandro* - 6.

Un bel giorno, sempre nel 342 a.C., il padre di Alessandro compra un cavallo giovane, enorme e forte. La cifra richiesta è altissima; eppure, il cavallo è irresistibile, degno di un re. Filippo si decide: lo compra e lo fa portare a palazzo. Il suo nome è BUCEFALO.

C'è un problema, però: questo cavallo sembra pazzo! Nessuno dello staff reale riesce a domarlo, né a cavalcarlo. Bucefalo salta e scalcia come un ossesso. Sarà pure bellissimo, ma è matto e pericoloso. Il re è furioso e si sente truffato: vuole restituirlo.

Alessandro, che se ne sta zitto in un angolo, ha però capito tutto di Bucefalo e pensa di poter diventare suo amico. Sfida allora il padre, dicendo di lasciar provare lui a domare quella furia. Tutti ridono! Alessandro ha solo quattordici anni e, per ora, quello in cui si è distinto sono solo lo studio e l'amore per la letteratura. Il principe, allora, aggiunge anche una scommessa nel caso in cui il tentativo risulti fallimentare: «Prometto per Zeus che pagherò il prezzo del cavallo».

Filippo ride, ma si convince. Che la prova abbia inizio! Alessandro si avvicina a Bucefalo, lo accarezza, prende le briglia, gira il suo muso verso il sole: ha intuito che l'animale ha paura della sua ombra proiettata a terra. Girando gli occhi verso il sole, però, essa scompare. Ora Bucefalo è calmo, Alessandro salta in groppa con maestria e... si lanciano al galoppo, tra gli applausi!

BUCEFALO: PERCHÉ SI CHIAMA COSÌ E CHE ASPETTO HA

Alessandro sarà per sempre inseparabile da Bucefalo. Un nome, Bucefalo, che suona curioso e divertente, non è vero? Letteralmente significa "testa di bue" e dicono che venga dal suo aspetto: grande e grosso fin da puledro, fronte spaziosa e narici distanti, ha un muso largo e sporgente, come quello di un bue. Il nome, tuttavia, potrebbe anche derivare dal marchio impresso sulla sua coscia, usanza tipica del paese da cui viene la sua razza, vale a dire la Tessaglia: qui i cavalli sono marchiati con la lettera ALFA, cioè la "a", che in greco si scrive con una grafia a "testa di bue".

Bucefalo è alto, muscoloso, nero, con una stella bianca sulla fronte. Gli occhi sono come quelli del padrone, di colori diversi: uno è azzurro, l'altro è nero. È nato anche lo stesso giorno di Alessandro, ma esattamente dieci anni dopo. O almeno così racconta una leggenda.

D'altronde, anche sul suo colore non possiamo essere del tutto sicuri. Nel famoso MOSAICO della Battaglia di Isso, conservato al Museo Archeologico di Napoli, Alessandro è in sella a un cavallo marrone. Che sia un altro cavallo? Oppure, si sono sbagliati a dirci il vero colore di Bucefalo? Insomma, facciamo così: colora la pagina qui di fianco e lascia decidere alla tua fantasia di che colore dev'essere il tuo leggendario Bucefalo.

Questa storia di *Alessandro Magno*
è stata colorata da:

Nome...

Città o paese..

Che giorno è oggi...

La voglio appendere qui...

LA FALANGE MACEDONE
E I "COMPAGNI"

"Ma lo spiegamento dei Macedoni, all'apparenza - è vero - d'un truce squallore, nasconde con scudi e aste reparti ben saldi disposti a cuneo e file compatte di soldati valorosi. Son proprio loro a denominare "falange" questo granitico modulo di fanteria. Uomini e armamento si presentano strettamente solidali; i combattenti, sempre attenti al minimo cenno di chi li comanda, sono in grado di seguire il proprio reparto e di mantenere l'assetto dello schieramento [...] quando sono stanchi, la nuda terra fa da giaciglio; il cibo che trovano li appaga; concedono al sonno un tempo inferiore alla durata della notte"

Curzio Rufo, *Storie di Alessandro Magno*
Libro III, Capitolo 2, 13-15

Filippo è una figura importante per Alessandro. Sceglie per lui il miglior tutore al mondo, Aristotele. È presente quando il figlio doma Bucefalo. Per tutta la sua gioventù è un padre intraprendente e combattivo, che mostra al figlio la via per diventare un grande condottiero.

Anche il miglior generale, però, non può nulla senza un esercito glorioso. Filippo lo sa bene e anche in questo è un personaggio cruciale per Alessandro. Sarà lui, infatti, a lasciare in eredità al figlio l'esercito più efficiente e potente che la storia abbia mai visto. Una formazione granitica, addestrata, motivata, imbattibile, composta dalla più potente fanteria e dalla più brillante cavalleria.

Come sappiamo, il giovane Filippo vede all'opera con i suoi occhi il leggendario Battaglione Sacro di Tebe, il più innovativo dell'epoca, invincibile grazie al "muro" impenetrabile formato dai suoi soldati. Salito al trono, subito mette in pratica le sue idee, per rivoluzionare l'esercito macedone, partendo proprio dalla fanteria.

La sua invenzione più famosa è la **FALANGE MACEDONE**. Per immaginarla dovete pensare a uno sterminato rettangolo di soldati, chiamati i "compagni a piedi", che combattono fianco a fianco; sulla spalla sinistra reggono un piccolo scudo, ma la loro arma innovativa e micidiale è una lancia incredibile, che tengono stretta con due mani, lunga fino a sette metri: si chiama **SARISSA**.

FALANGE, PORTATORI DI SCUDO, CAVALLERIA DEI COMPAGNI

La falange macedone è disposta a file. I soldati hanno un elmo, un'armatura e dei parastinchi. Nel momento in cui iniziano il combattimento, gli uomini davanti spianano la lancia, mentre quelli dietro la tengono in obliquo: i nemici si trovano di fronte un gigantesco istrice... terrificante.

Quando inizia il combattimento vero e proprio, anche le file dietro spianano davanti le loro armi micidiali e questo significa che, davanti alla falange, sbucano le sarisse sia di chi è in prima fila che di chi è dietro. Un muro di pungiglioni affilati, impenetrabile per qualunque nemico!

C'è un problema, però: se i fanti della falange impugnano con due mani la sarissa e hanno appeso un piccolo scudo, cosa accadrebbe se venissero attaccati ai fianchi? Filippo istituisce i "portatori di scudo", gli **IPASPISTI**; hanno uno scudo pesante (aspis) e una spada, armi adatte a proteggere i fianchi della falange.

Ma la Macedonia, attenzione, è una terra di nobili montanari, proprio quelli presi in giro dai Greci del sud. Sono i "compagni del re" e si chiamano **ETÈRI**. Nei loro verdi latifondi allevano cavalli fortissimi, che portano in battaglia con uno schieramento a diamante. Sulla punta c'è un condottiero, che i cavalieri seguono senza paura. Indovinate chi sarà il più temerario dei loro comandanti?

Questa storia di *Alessandro Magno*
è stata colorata da:

Nome...

Città o paese...

Che giorno è oggi...

La voglio appendere qui...................................

PADRE E FIGLIO
A CHERONEA

"Ogniqualvolta arrivava l'annuncio che Filippo aveva conquistato una città famosa o aveva ottenuto una vittoria in una gloriosa battaglia, Alessandro non era del tutto felice, ma diceva ai suoi coetanei: «Ragazzi, mio padre conquisterà tutto e non mi lascerà nessuna impresa grande e splendida da compiere con voi». Non desiderava piaceri o ricchezze, ma virtù e fama, e riteneva che tante più conquiste il padre gli avesse lasciato in eredità, tanto meno gli sarebbe rimasto da conquistare da sé"

Plutarco, *Vita di Alessandro* - 5.

Per andare avanti, dobbiamo fare un passo indietro. Vi ricordate che Filippo, appena diventato re, avvia subito una serie di campagne militari per espandere i domini della piccola Macedonia? A nord sconfigge gli ILLIRI, nelle terre dove ora ci sono l'Albania e la Croazia; a est batte i TRACI, che vivono nel sud della Bulgaria di oggi. Non gli rimane che estendere i suoi domini a sud, in Grecia.

La Grecia di quest'epoca è dominata da un gruppo di città-stato, le cosiddette *poleis*. Le più famose sono SPARTA, Tebe e ATENE. Ad Atene, il centro culturale più influente, c'è uno scontro tra due diverse fazioni, guidate da due oratori molto famosi. Uno di loro si chiama Eschine, che spinge per una alleanza con Filippo; l'altro è Demostene, l'autore delle *Filippiche*, ovvero gli attacchi ufficiali più feroci e polemici contro il sovrano macedone.

L'obiettivo di Demostene non è solo quello di influenzare i suoi concittadini, ma anche e soprattutto quello di unire le principali *poleis* in un'alleanza per sconfiggere la Macedonia. La sua linea intransigente, alla fine, prevale e lui stesso andrà in battaglia coi suoi concittadini.

Sparta, città bellicosa e rinomata per la sua società combattente, decide di rimanere neutrale. Ma Tebe, che - come sappiamo - ha l'esercito più potente del momento, si lascia convincere e si unisce ad Atene. Siamo nel 338 a.C. ed è l'anno di una battaglia decisiva.

L'ULTIMA VITTORIA DI FILIPPO, LA PRIMA DI ALESSANDRO

Andiamo ora a CHERONEA, piccola città a nord di Tebe. Perché è qui che si svolge la battaglia decisiva. Da un lato ci sono i Macedoni, con il padre affiancato per la prima volta dal figlio; dall'altro gli alleati: Atene, Tebe e un gruppo di piccole città-stato. La coalizione greca è la più grande: sono trentacinquemila OPLITI, cioè soldati di fanteria. Filippo comanda un contingente più piccolo, trentamila uomini, tra falange e portatori di scudo, a cui però si uniscono duemila cavalieri.

Filippo è un generale esperto e con un esercito forte. La sua prima mossa è un bluff, una finta: simula una ritirata per attirare il nemico contro le sarisse della sua falange. Diodoro Siculo, storico antico, racconta che lo schieramento greco cade subito nel tranello e inizia ad avanzare, con un generale ateniese che grida: «Li inseguiremo fin nel cuore della Macedonia!». Filippo, allora, risponde con ironia: «Gli ateniesi non sanno vincere», ordinando alla falange di rimanere serrata e di ritirarsi lentamente.

Una mossa vincente! All'improvviso, Alessandro, deciso a dimostrare il proprio valore, guida gli etèri a cavallo all'attacco; rompe la linea nemica, bloccata dal padre, si getta contro l'invincibile Battaglione Sacro e lo sconfigge, per le prima volta nella storia, con una carica temeraria. Il trionfo è completo. Anche i più superbi tra i Greci, da questo momento, diventano alleati dalla Macedonia.

Questa storia di *Alessandro Magno*
è stata colorata da:

Nome ....

Città o paese ....

Che giorno è oggi ....

La voglio appendere qui ....

DARIO: IL GRAN RE

"[...] popolazioni i cui nomi perfino lo stesso Dario ignorava [...] Se qualcosa non mancava al sovrano era proprio un esercito sterminato [...] Quest'esercito di così grand'effetto, questo coacervo di tanti popoli richiamati alle loro sedi addirittura dell'Oriente intero, può incutere terrore alle genti vicine: risplende di porpora e d'oro, rifulge nelle sue armi e trasuda opulenza in quantità inimmaginabile se non la si è veduta con gli occhi"

Curzio Rufo, *Storie di Alessandro Magno*
Libro III, Capitolo 2, 9-12

Cheronea segna la nascita di un'alleanza tra i Greci e i Macedoni: si chiama **LEGA DI CORINTO** e impedisce agli alleati di farsi guerra tra loro, spingendoli invece verso nuove conquiste, sotto la guida di Filippo II.

Per il sovrano macedone, dopo aver conquistato tutto ciò che dalle sue montagne giunge fino ai confini dell'Europa, non resta che un sogno: attraversare lo stretto dei Dardanelli e conquistare l'Asia.

La Lega di Corinto lo nomina subito comandante della spedizione. Filippo manda dunque i suoi generali più esperti, Parmenione e Attalo, alla conquista dei territori costieri della Turchia di oggi, dall'antica Troia in giù.

Ma chi regna in quei luoghi? Il suo nome è Dario III, il **Gran Re**. Perché Dario è il sovrano dell'Impero persiano, che unisce la moltitudine di genti diverse che abitano un territorio sterminato: dalla Turchia all'Egitto, dal Libano fino all'India. Un Impero così vasto che nessuno, fino ad allora, ne ha mai visto uno più grande.

Al momento della spedizione voluta da Filippo, nel 336 a.C., Dario ha quarantaquattro anni ed è Gran Re da due. Tuttavia, si è già messo in mostra per il suo coraggio: governa, infatti, un territorio così vasto da doverlo controllare con forza e audacia. La Macedonia, così piccola, per ora certo non lo turba: lascia che siano i suoi generali a occuparsene.

UN SOGNO INFRANTO: LA MISTERIOSA MORTE DI FILIPPO II

Dario è bello, coraggioso, forte; si dice che combatta i suoi nemici in prima linea, dall'Iran all'Egitto. Ha la pelle abbronzata e i capelli scuri e crespi. La barba è quella tipica dei Persiani: scende a fiumi di ricci ordinati. Le sue vesti sono di seta ricamata d'oro e, a differenza dei Greci, porta i pantaloni lunghi fino ai piedi. Il Gran Re, però, sbaglia a sottovalutare l'esercito macedone; Parmenione e Attalo conquistano con facilità i territori imperiali della costa turca. Stanno preparando una campagna ambiziosa, che guiderà nientemeno che Filippo in persona.

All'improvviso questo sogno s'infrange: in quello stesso anno, Filippo viene pugnalato a morte da una sua guardia del corpo. Dovete sapere che c'è chi pensa che dietro a questo ASSASSINIO si nasconda un intrigo: Olimpiade e Filippo, intanto, hanno divorziato e il re si è risposato con una diciottenne. La prima moglie, la conosciamo, non deve averla presa molto bene: c'è chi dice che la mandante dell'omicidio sia proprio lei!

Pure su Alessandro c'è qualche sospetto. Ma la verità è che il figlio, acclamato re, fa costruire per il padre una tomba magnifica, tutta d'oro. Pensate che è rimasta proprio come duemilatrecento anni fa, perché è stata scoperta solo nel 1977. La si può ammirare in Grecia, vicino a Salonicco: si trova a Verghina, il nome moderno di Ege, l'antica capitale della Macedonia.

Questa storia di *Alessandro Magno*
è stata colorata da:

Nome...

Città o paese...

Che giorno è oggi...

La voglio appendere qui..

AL COSPETTO D'ACHILLE

"[...] Alessandro elargì generosamente ricchezze e possedimenti e così si spogliò della maggior parte dei beni che possedeva in Macedonia. Di slancio, con questo animo, attraversò l'Ellesponto. Salito alla rocca di Troia fece un sacrificio ad Atena e offrì libagioni agli eroi. Poi, nudo, con il corpo cosparso di olio, di corsa assieme ai suoi compagni girò attorno alla stele di Achille, come vuole la tradizione, e la ornò con una corona, dichiarando che quell'eroe era beato, perché da vivo aveva avuto in sorte un amico fidato e da morto un grande cantore della sua gloria"

Plutarco, *Vita di Alessandro* - 15.

Morto Filippo, ineguagliabile condottiero agli occhi dei contemporanei, nessuno immagina che il figlio ventenne riesca a portarne avanti l'eredità, o perlomeno a continuare i suoi successi.

Soltanto cinque anni dopo, Alessandro supererà qualunque paragone. Avrà sfidato e conquistato l'Impero più potente al mondo, governerà un territorio di oltre cinque milioni di chilometri quadrati. Sarà mille volte più ricco di chiunque altro e verrà venerato come un dio.

Ma torniamo al 336 a.C., anno in cui Alessandro eredita dal padre il sogno di conquistare l'Asia. Gli alleati greci decidono di fare guerra ai Persiani, guidati dal nuovo re. Per farlo, però, bisogna consultare l'ORACOLO di Delfi, chiuso in quei giorni per motivi religiosi. Alessandro manda a chiamare la sacerdotessa, che subito si rifiuta. Con uno spirito che impareremo a conoscere, il nostro la trascina a forza fuori dal tempio e la profetessa sentenzia: «Sei invincibile, ragazzo!». Ora, Alessandro ha ottenuto la risposta desiderata.

L'esercito della coalizione conta trentamila fanti e quattromila cavalieri, ma parte in condizioni di ristrettezza: le risorse sono poche e le scorte bastano solo per trenta giorni. Tuttavia, Alessandro, prima di partire, dona ai suoi amici quasi tutto ciò che possiede. E quando gli chiedono a lui cosa rimanga, risponde: «Le speranze».

IL SUO MODELLO: NON IL PADRE, MA UN EROE LEGGENDARIO

Ellesponto è l'antico nome dello stretto dei Dardanelli. Di lì si deve passare per lasciarsi alle spalle l'Europa ed entrare in Asia. L'esercito, a bordo della flotta guidata da Parmenione, veleggia attraverso la lingua d'acqua.

Alessandro è con loro e timona egli stesso la sua nave. A metà strada, quando è in mare tra un continente e l'altro, ferma l'imbarcazione per poter celebrare i sacrifici rituali a POSEIDONE, dio degli oceani. Poi, riparte con più tenacia, perché vuole essere il primo a mettere piede in Asia. Il porto più vicino sul nuovo continente è famoso e mitologico: si tratta di Ilio, l'antica Troia.

A Troia si svolgono le vicende dell'*Iliade* di Omero, libro che Alessandro porta sempre con sé. Quella è la terra dove Achille, l'eroe leggendario, ha sfidato una città intera. Come abbiamo visto, Achille è l'antenato, per parte di madre, a cui Alessandro guarda come a un modello. Ed è lì che il protagonista del poema si è guadagnato l'eternità.

Alessandro, come ogni ammiratore che si rispetti, va a contemplare la statua che commemora il suo idolo. Gli pone una corona sulla testa; poi si sveste e si cosparge d'olio, in un rito di celebrazione, e inizia a correre intorno al monumento. Infine, visita l'antico tempio in cui sono custodite le armi dell'eroe. Le porterà con sé in battaglia.

Questa storia di *Alessandro Magno*
è stata colorata da:

Nome..

Città o paese...

Che giorno è oggi..

La voglio appendere qui...

EFESTIONE
COME PATROCLO

"[...] e lasciata fuori la scorta al seguito, entrò nella tenda con Efestione. Era questi, fra tutti gli amici, di gran lunga il più caro al re: cresciuto assieme a lui, partecipava di ogni suo segreto; anche nel consigliarlo, nessun altro godeva di una maggior libertà, prerogativa di cui comunque si avvaleva facendola piuttosto figurare una concessione del sovrano che non un proprio diritto. E pur suo coetaneo, superava però Alessandro in prestanza fisica"

Curzio Rufo, *Storie di Alessandro Magno*
Libro III, Capitolo 12, 15-16

S barcato a TROIA, Alessandro entra in città e depone una corona celebrativa sul monumento funebre di Achille, il suo idolo e il suo modello di eroismo. Allo stesso modo si comporta l'inseparabile Efestione, con il suo omaggio alla tomba di PATROCLO. Questo descrive lo stretto rapporto che c'è tra i giovani macedoni, con un parallelo famoso e comprensibile a tutti, sia allora che oggi.

L'amicizia tra Achille e Patroclo è uno degli elementi più famosi dell'*Iliade* di Omero. Il primo è l'immagine del coraggio in battaglia, della temerarietà e della rabbia incontrollabile e spietata a cui spesso cede. Il secondo è sì un guerriero coraggioso e rispettato, ma è anche una persona sensibile, che si sa comportare con dolcezza, bontà e pietà. Sono amici per la pelle, inseparabili in tutto. Quale sia poi l'effettiva natura del loro rapporto nel poema e fino a che punto si sia spinta questa amicizia tra i due eroi è controverso, sia tra gli antichi che tra i contemporanei.

Così come Patroclo è il miglior amico di Achille, Efestione è il migliore amico di Alessandro. Hanno la stessa età e sono nati entrambi in una delle capitali della Macedonia, Pella. I genitori si conoscono bene e quindi i due si frequentano da sempre, fin da piccoli insomma. Sono anche ex compagni di classe, perché non dimentichiamoci che hanno seguito assieme le lezioni di Aristotele, nei viali e nelle grotte del Ninfeo di Mieza.

L'ASPETTO DI EFESTIONE E IL SUO RUOLO NELLA CAMPAGNA

Efestione è più bello, più alto e più forte di Alessandro. Ha i capelli corti, folti e ricci, che cadono regolari attorno a un viso illustre e simmetrico. La sua fronte e le guance sono ampie ed eleganti, il naso ha forma e dimensioni perfette, così come le sue labbra piene ed espressive. Con il suo sguardo penetrante e il corpo atletico è più affascinante del più ammirato degli attori famosi.

Come tutti i nobili macedoni, Efestione ha imparato a cavalcare e a usare le armi fin da piccolo. Quindi, anche nell'esercito e per tutta la campagna militare in Asia, il suo ruolo è sempre stato molto importante. Bisogna però ricordare che la disciplina militare macedone, così come lo spirito di giustizia di Alessandro, è basata sulla **meritocrazia**: ogni ruolo e ogni promozione a cariche superiori dell'esercito devono essere guadagnati dai migliori e in un percorso per gradi.

Efestione inizia come membro delle guardie del corpo di Alessandro, di cui diventerà il capo. In seguito assume ruoli sempre più importanti come diplomatico, come guida dei reparti durante le marce più difficili, come comandante degli assedi alle città più importanti. Infine, distintosi per il suo valore in tutti i suoi compiti, diventerà capo della cavalleria - i famosi etèri - nonché comandante in seconda dell'esercito.

Questa storia di *Alessandro Magno*
è stata colorata da:

Nome..

Città o paese...

Che giorno è oggi..

La voglio appendere qui...

GRANICO

"Nel frattempo i generali di Dario avevano radunato un grande esercito e lo avevano schierato al guado del fiume Granico: erano le porte dell'Asia [...] Ma il fiume era profondo e l'altra riva, che si doveva raggiungere per combattere, era irregolare e accidentata: la maggior parte dei soldati aveva paura [...] Poi era Parmenione che non voleva attaccare perché l'ora del giorno era troppo avanzata. Allora Alessandro disse che l'Ellesponto si sarebbe sentito disonorato se, dopo averlo attraversato, avessero avuto paura della corrente del Granico: quindi si gettò lui stesso per primo nel fiume con tredici squadroni di cavalieri"

Plutarco, *Vita di Alessandro* - 16.

Nel 334 a.C. la spedizione macedone sbarca a Troia: l'Impero persiano è in pericolo. Dario spedisce i suoi generali a fronteggiarla. Le sue truppe si radunano sulla riva di un fiume impetuoso, che si getta nel mar di Marmara, sulla costa nord-ovest della Turchia. Ci troviamo alle porte dell'Asia e il torrente si chiama Granico: andate a cercarlo sulla mappa, perché qui si svolge una battaglia famosa, la prima tra i due schieramenti.

I Macedoni arrivano al GRANICO nel tardo pomeriggio. Dovrebbero accamparsi con tranquillità e aspettare la mattina seguente per combattere, questo è il consiglio di Parmenione. Un consiglio saggio a dire il vero, anche perché tutti i soldati hanno una gran paura. I due schieramenti, infatti, sono divisi da un fiume profondo e le rive sono scoscese: chi attaccherà per primo verrà tartassato dalle frecce dei nemici, mentre si farà strada lentamente e a fatica tra l'acqua e le rocce sottostanti.

Alessandro, indovinate un po', non è affatto d'accordo. All'improvviso, anzi, ha uno slancio temerario: per primo si lancia con Bucefalo nel torrente, incurante delle frecce dei nemici che lo bersagliano dalla riva opposta. Sembra il gesto di un uomo in preda alla follia e al delirio, più che l'azione di un grande condottiero. I suoi compagni infatti sono increduli; ma gli etèri a cavallo lo seguirebbero fino all'inferno: si gettano al galoppo dietro di lui nella formazione a cuneo, con Alessandro in testa.

GUIDARE DANDO L'ESEMPIO: ALESSANDRO IN PRIMA LINEA

Alessandro è nel fiume, in groppa a Bucefalo, per primo e contro tutti. I nemici sulla riva puntano le frecce dritto a lui, come un bersaglio facile: si riconosce dallo scudo e dall'elmo, con due piume ai lati e una grande in mezzo, che ondeggia frenetica. Sembra folle, ma è EROICO.

I compagni a cavallo seguono il condottiero, che dà l'esempio in prima linea, infondendo animo e coraggio ai suoi. Anche i Persiani si lanciano in acqua. La battaglia diventa feroce, corpo a corpo, cavallo contro cavallo.

Accerchiato dagli avversari, Alessandro cade in acqua. Due generali nemici, Spitridate e Resace, si avventano su di lui. Lui uccide il secondo, ma il primo leva la sua ascia verso l'alto, per abbatterla con tutta la forza sulla testa di Alessandro. Solo l'intervento del fedele **Clito**, detto **il Nero**, riesce a salvare il comandante, perché con la sua spada taglia il braccio armato di Spitridate giusto in tempo.

Intanto, l'esempio contagioso di Alessandro ha infuso coraggio anche alla sua fanteria. Mentre i cavalieri sono impegnati in acqua, la falange macedone guada il fiume e attacca i Persiani. Questi non durano molto nello scontro con l'esercito macedone, moderno e addestrato: la battaglia del Granico è vinta e per Alessandro, protagonista in tutto, è il primo e meritato trionfo in Asia.

Questa storia di *Alessandro Magno*
è stata colorata da:

Nome..

Città o paese..

Che giorno è oggi..

La voglio appendere qui..

IL NODO
DI GORDIO

"Quando Alessandro arrivò a Gordio, fu preso dal desiderio salendo alla rocca, dove si trovava la reggia di Gordio e di suo figlio Mida, di vedere il carro di Gordio e il nodo del giogo del carro. Intorno a quel carro fra la gente del luogo correvano molti racconti [...] Oltre a ciò, intorno al carro si raccontava anche che chi ne avesse sciolto il nodo del giogo di necessità avrebbe dominato sull'Asia. Il nodo era di corteccia di corniolo e non se ne vedeva né la fine né l'inizio"

Arriano, *Anabasi di Alessandro*, II, 3. 1-7

La battaglia del Granico è lo scontro dove Alessandro più si è trovato, nelle avventure che abbiamo raccontato sin qui, vicino alla morte. Tuttavia, ora i Persiani devono riconoscere l'esercito macedone come un avversario pericolosissimo.

Plutarco, infatti, racconta che nello scontro sono morti **ventiduemilacinquecento** "barbari"; la fortuna ha invece premiato l'audacia di Alessandro: tra i suoi, i caduti sono stati in tutto solo **trentaquattro**.

L'effetto immediato della battaglia del Granico è quello di liberare le città di origine greca sulla costa egea dell'Asia Minore; adesso Alessandro ha una base attraverso la quale condurre nuove campagne, sempre più ambiziose, contro l'Impero del Gran Re.

L'esercito macedone procede, seguendo il mare, verso sud, con l'obiettivo di impadronirsi dei porti più importanti. Molte città si consegnano ad Alessandro senza combattere: sulla costa del mar Egeo gli abitanti sono di origine greca e per loro il nostro eroe è un liberatore. Altre, invece, oppongono resistenza, ma alla fine cade anche Alicarnasso, ultima roccaforte persiana della costa ovest della Turchia di oggi. Cercatela sulla mappa e ricordatevi che, ai giorni nostri, si chiama Bodrum.

ALESSANDRO IN FRIGIA:
L'INCREDIBILE STORIA DI GORDIO

Conquistata la costa dell'Asia Minore, Alessandro viene preso dal desiderio di spingersi a esplorarne l'interno. S'impadronisce dell'antica regione della Frigia e arriva nella città più importante, GORDIO. Siamo vicini a dove oggi c'è la capitale della Turchia, cioè Ankara.

Gordio porta il nome del fondatore, un contadino povero la cui unica ricchezza era un carro trainato dai buoi. Quando Alessandro arriva in città, il carro del fondatore è ancora conservato gelosamente su un piedistallo di marmo, a cui è legato con un NODO di corda, ricavata dal legno di corniolo. Il nodo è solidissimo: sembra impossibile da districare. Dicono, infatti, che Zeus in persona gli abbia donato questo potere. La leggenda del luogo afferma anche che solo chi riuscirà a sciogliere il nodo di Gordio diventerà re di tutta l'Asia.

La tentazione è irresistibile: Alessandro ci deve provare. Sotto lo sguardo attento di amici, soldati e abitanti, tenta di snodare il giogo con tutte le sue forze. Ma non basta! Il nodo è un dilemma: i capi della corda sono nascosti, intricati e ingarbugliati. Sbaglieremmo, però, a pensare che Alessandro si rassegni. Sapete infatti cosa decide di fare? Alza la spada al cielo e la abbatte sul groviglio, tagliandolo a metà: il nodo gordiano è sciolto! Riuscirà il nostro eroe a conquistare tutta l'Asia?

Questa storia di *Alessandro Magno*
è stata colorata da:

Nome...

Città o paese...

Che giorno è oggi..

La voglio appendere qui.......................................

ISSO

"Nell'esercito di Dario c'era un macedone, Aminta, che era fuggito dalla Macedonia e che conosceva bene l'indole di Alessandro. Questi, vedendo che Dario si apprestava ad attaccare Alessandro tra le gole dei monti, gli disse di restare in quella regione dagli spazi aperti e vasti: un luogo adatto per combattere, con il suo esercito tanto numeroso, contro un nemico inferiore di numero. Dario rispose che temeva che il nemico potesse evitare lo scontro e in tal modo Alessandro gli sarebbe sfuggito; al che Aminta disse: «Riguardo a questo, rassicurati, o re; marcerà lui contro di te, anzi sta già marciando»"

Plutarco, *Vita di Alessandro* - 20.

La costa occidentale dell'odierna Turchia, sul mar Egeo, è ormai sotto il solido dominio macedone. Le truppe di Alessandro, dopo la puntata verso l'interno, in Frigia, si dirigono verso sud: doppiano Alicarnasso, cioè la Bodrum di oggi, e conquistano la Cilicia, costa dell'Asia Minore che guarda Cipro.

Come sappiamo, Dario in un primo momento ha preso i Macedoni sotto gamba, mandando avanti i suoi generali a difendere l'Impero. Dopo la clamorosa sconfitta del Granico, però, per lui è tempo di mettersi in gioco in prima persona. Da Susa, una delle sue capitali, che oggi è al confine tra Iran e Iraq, si mette in marcia con un **esercito sconfinato**: Plutarco ci dice che si tratta della cifra, quasi incredibile, di seicentomila uomini.

In Cilicia, intanto, Alessandro si ammala: dopo un bagno avventato in un fiume gelido, il Cidno, cade in preda a una terribile febbre, da cui esce dopo molti giorni. Questo interrompe la sua spedizione; non solo, imbaldanzisce Dario: non sapendo della malattia, crede che il nostro si sia fermato per viltà o per paura. Alessandro, però, si riprende dalla febbre e inizia a marciare dalla Cilicia verso la Siria. Dario, dall'interno, sta risalendo invece la costa nella direzione opposta. Gli eserciti si scontreranno al confine tra le due regioni, proprio dove la penisola turca finisce e la costa del Mediterraneo ricomincia a guardare l'Occidente.

ISSO: LA BATTAGLIA DI CUI ABBIAMO UN'ANTICA FOTOGRAFIA

Dove finisce la Turchia di oggi e la Siria sta per cominciare, gli spazi sono angusti: da una parte ci sono le montagne, dall'altra il mare. In questa "strettoia" Alessandro è in vantaggio: un esercito grande come quello di Dario qui non può far valere la sua superiorità numerica. I Macedoni, che sono quarantamila, forse se la possono giocare, anche contro seicentomila Persiani.

I due eserciti sono uno di fronte all'altro. Alessandro è alla destra del suo schieramento, a capo degli etèri a cavallo; al centro c'è la falange, sull'ala sinistra Parmenione. I Persiani hanno uno schieramento speculare: a destra la cavalleria e a sinistra truppe miste ma forti, proprio di fronte ad Alessandro. Al centro ci sono gli **immortali**, la guardia reale, col Gran Re.

I Persiani attaccano alla loro destra, ma Parmenione regge l'urto e la falange blocca i nemici. Alessandro può così lanciarsi contro l'ala sinistra persiana e farsi strada in diagonale, penetrando fino al centro. Un mosaico al Museo Archeologico di Napoli "fotografa" il culmine della battaglia di ISSO: Alessandro scaglia un giavellotto per colpire Dario, ma suo fratello gli fa scudo e finisce trafitto. Dario, nel panico, manovra il carro reale per fuggire. L'esercito persiano, senza il suo capo, si disperde. E viene brutalmente sconfitto.

Questa storia di *Alessandro Magno*
è stata colorata da:

Nome...

Città o paese...

Che giorno è oggi..

La voglio appendere qui...

ALESSANDRIA
D'EGITTO

"[...] sbarcò là dove ora è sita la città di Alessandria, che ha nome da Alessandro. Gli parve che il sito fosse bellissimo per fondarvi una città e che questa potesse essere prospera. Fu dunque preso dal desiderio di realizzarla ed egli stesso dispose il piano per la città, dove in essa era da costruire la piazza, quanti dovevano essere i templi e di quali dèi, degli dèi greci, ma anche di Iside egiziana, e in che punto doveva essere eretto tutt'intorno il muro. E per questo fece i sacrifici e i presagi risultarono favorevoli"

Arriano, *Anabasi di Alessandro* - III, 1. 5

Dal campo della battaglia di Isso le forze persiane, sonoramente sconfitte, si disperdono verso i quattro punti cardinali. Molti dei soldati seguono il Gran Re nella fuga verso l'interno. Dario è stato sfortunato; c'è anche chi dice che, nel mezzo dello scontro, sia riuscito a ferire Alessandro alla gamba. Quel che è certo, però, è che vuole riorganizzare l'esercito, perché medita vendetta.

Parmenione viene intanto mandato a Damasco con l'ordine di impadronirsi dei tesori che Dario ha portato con sé nella campagna verso Occidente. Pensate che tra i prigionieri c'è anche tutta LA FAMIGLIA REALE: la madre, la moglie e i figli dell'imperatore; a loro, però, Alessandro riserverà un trattamento pietoso e ospitale. Le ricchezze confiscate sono sconfinate: solo le monete del bottino sono l'equivalente delle entrate di un anno della Macedonia. Pensate, infatti, che per trasferire tutto il tesoro reale al campo dei vincitori serviranno settemila cammelli!

Parmenione, di ritorno all'accampamento, consegna ad Alessandro una CASSETTA D'ORO, tempestata di pietre preziose: è il pezzo più pregiato dell'inestimabile bottino di guerra. Il nostro condottiero si confronta coi suoi generali: cosa si può custodire in uno scrigno tanto prezioso? Alessandro, infine, decide per sé: la cassetta custodirà per sempre la copia del suo libro preferito, l'*Iliade* di Omero, personalmente curata da Aristotele.

COME SI FONDA UNA CITTÀ: ALESSANDRIA D'EGITTO

Dopo la battaglia di Isso, Alessandro scende verso sud, conquistando la Fenicia, dove oggi ci sono Israele e la Palestina. Alcune città decidono di consegnarsi, altre invece combattono fino all'ultimo. Famoso è l'assedio di Tiro: la rocca della città sembra impenetrabile, perché si trova su un'isola fortificata di fronte alla costa. Tuttavia, Alessandro ha un'idea geniale: creare un molo artificiale che dalla terra ferma arrivi fin sotto le MURA di Tiro, per assediarla. Funzionerà!

Solo pochi giorni di marcia separano Alessandro dal luogo più ricco di storia e cultura tra quelli uniti nell'Impero persiano: l'Egitto. Qui il nostro eroe viene accolto con entusiasmo dai nativi, stanchi dei due secoli di dominio dei Gran Re. Sarà lui, Alessandro, il loro nuovo FARAONE.

Alessandro esplora i suoi nuovi domini, navigando il Nilo sulla barca reale. Giunto alla foce del fiume, sbarca in un porto naturale, che di fronte ha il Mediterraneo e alle spalle una florida laguna. Gli sembra un luogo perfetto per fondare una città; la progetta lui stesso nel dettaglio e ordina ai suoi geometri di delimitare la pianta con una lunghissima striscia di farina. La chiamerà Alessandria, simbolo delle sue vittorie, ma anche della fusione tra Greci ed Egizi, nello spirito della cultura e dei commerci.

Questa storia di *Alessandro Magno*
è stata colorata da:

Nome ....

Città o paese...

Che giorno è oggi...

La voglio appendere qui...

L'ORACOLO
AFRICANO

"Attraversò dunque il deserto e giunse al luogo stabilito: l'oracolo di Ammone gli rivolse il saluto in nome del dio come se gli parlasse suo padre; Alessandro allora chiese se qualcuno degli assassini di suo padre fosse riuscito a sfuggirgli, ma il profeta gli ordinò di tacere, poiché suo padre non era un mortale. Alessandro allora provò a cambiare la formulazione della domanda e gli chiese se aveva punito tutti gli assassini di Filippo. Poi rivolse domande riguardo al suo potere, chiedendo al dio se gli concedeva di diventare signore di tutti gli uomini"

Plutarco, *Vita di Alessandro* - 27.

Il progetto di Alessandria d'Egitto è pronto. Tuttavia, spetta ai geometri di Alessandro portarlo a termine, perché, potete starne certi, il nostro eroe è impaziente di rimettersi in viaggio. Con un piccolo seguito, infatti, parte verso ovest: la meta è un'oasi nel deserto della Libia. Si chiama SIWA. Qui c'è un oracolo, un sacerdote importante, che conosce i segreti del passato e prevede il futuro. Alessandro ha delle oscure domande da porgli.

La spedizione, come ormai Alessandro ci ha abituati, è spericolata. Siwa, infatti, è in mezzo a un deserto arido: bisogna marciare per giorni e giorni sotto il sole per arrivarci, a piedi, dall'Egitto. La strada, poi, non è ben segnalata: ci sono delle pietre che indicano il percorso, certo, ma la sabbia, trasportata dal vento forte, punge gli occhi dei viaggiatori intrepidi, confonde la via, cambia il paesaggio, muove le dune.

Due eventi, quasi miracolosi, salvano Alessandro e il suo seguito. Prima di tutto, quando i nostri finiscono l'acqua da bere, una pioggia torrenziale si abbatte sul deserto arido. Il secondo, poi, è ancora più incredibile: in cielo appaiono dei corvi che guidano il contingente verso Siwa. Pensate che, quando qualcuno rimane indietro, gli uccelli si fermano ad aspettare i ritardatari. Durante la notte, inoltre, i corvi richiamano gracchiando i dispersi per riportarli sulla giusta traccia dell'itinerario.

IL MISTERO DELL'ORACOLO
E LA DOMANDE DI ALESSANDRO

Alessandro attraversa il deserto e giunge a Siwa. Qui lo aspetta l'oracolo, che nel tempio parla per conto del dio Ammone, antichissima divinità egiziana: ha l'aspetto di un re, con la veste corta, la collana e due alte piume. Ma il meglio di questa figura misteriosa è il seguente: in testa ha due enormi corna da ariete!

AMMONE è il più importante degli dèi dell'antico Egitto. Tuttavia, l'oracolo viene consultato già da secoli da tutti i popoli del Mediterraneo, che si recano lì in un pellegrinaggio mistico. Visto che Ammone è il re degli dèi, i Greci pensano che lui e Zeus siano la stessa entità. Se poi rievochiamo le parole che Olimpiade rivolgeva ad Alessandro, ci ricordiamo subito che in realtà lui è il figlio di Zeus e possiamo così capire meglio i motivi di questo viaggio nel cuore del deserto.

Mentre i compagni lo aspettano, entriamo con Alessandro nella cella del tempio, al cospetto del sacerdote di Ammone, rappresentante del dio. Cosa mai si diranno? Alessandro non confesserà mai a nessuno il contenuto di questo colloquio. Gli storici, però, ipotizzano che abbia posto queste tre domande: «Ho punito tutti gli assassini di Filippo? È vero che sono figlio di Zeus? Riuscirò a conquistare il mondo intero?».

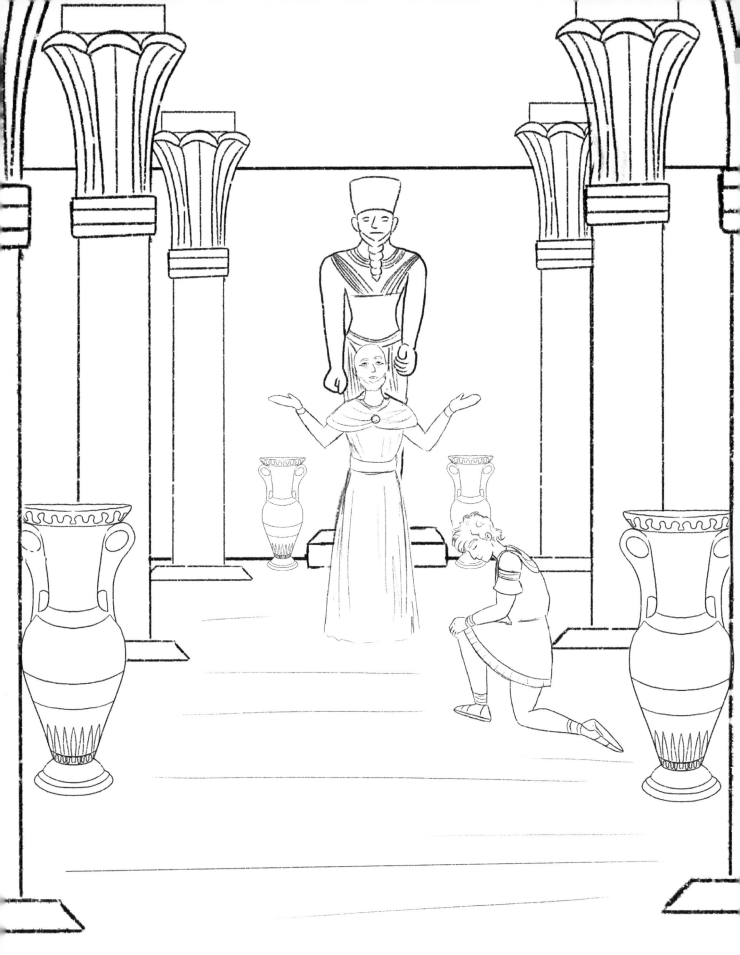

Questa storia di *Alessandro Magno*
è stata colorata da:

Nome...

Città o paese...

Che giorno è oggi...

La voglio appendere qui..................................

IN MARCIA
VERSO L'ORIENTE

"Dario nel frattempo gli inviò alcuni suoi amici fidati con una lettera in cui gli proponeva diecimila talenti per il riscatto dei prigionieri e gli offriva di tenere tutto il territorio fino all'Eufrate, di sposare una delle sue figlie e di diventare suo parente e alleato. Alessandro si consultò, su queste proposte, con i compagni e Parmenione disse: «Se io fossi Alessandro accetterei»; e Alessandro: «Anch'io, certo, se fossi Parmenione». A Dario rispose che avrebbe trovato un'accoglienza molto benevola, qualora si fosse presentato di persona; altrimenti, si sarebbe messo in marcia contro di lui"

Plutarco, *Vita di Alessandro* - 29.

Dopo l'Egitto, Alessandro ha davanti a sé un'avventura sconfinata, attraverso la fertile **Mesopotamia** dei fiumi Tigri ed Eufrate, nel cuore dell'Impero persiano. La battaglia di Isso lo ha reso l'uomo più ricco del mondo, con il controllo delle rotte mediterranee e la confisca di gran parte del tesoro del suo avversario.

Inoltre, ha in ostaggio tutta la famiglia di Dario: la madre, la moglie e le figlie. Sappiamo che tratta le prigioniere con pietà e comprensione; anzi, riserva a loro tutti i privilegi regali, come se fossero ancora alla corte del loro imperatore. Però, oltre alla bruciante sconfitta, senza dubbio a Dario pesa aver perso la vicinanza di tutta la sua famiglia.

Così, Dario decide di fare una proposta ad Alessandro. Per presentarla gli invia una lettera, attraverso i suoi più fidati ambasciatori. Ecco la proposta del Gran Re: Alessandro può avere per sé tutto il territorio dell'Impero che da Troia arriva fino al confine col fiume Eufrate. Non solo: può avere in sposa una delle sue figlie, diventando così membro della famiglia reale, nonché suo alleato. Si tratta di una proposta maestosa. Alessandro, partito dalla piccola Macedonia, si troverebbe a governare su metà dell'Impero più grande che il mondo abbia mai visto. Eppure, noi conosciamo troppo bene Alessandro per sospettare che accetti: non scenderà a patti per la metà del regno, se col suo eroismo può ottenerlo tutto.

L'IMPERO PERSIANO TRA STORIA, POTENZA, ARTE E CULTURA

Ora occorre che facciamo insieme un passo indietro, per conoscere un po' di storia di questo Oriente da sogno, irresistibile per Alessandro. L'Impero persiano, a quel tempo, esiste da due secoli, visto che è stato fondato nel 550 a.C. da Ciro il Grande. I suoi confini, spinti alla massima estensione, arrivano a nord fino al mar Caspio e al Mar Nero; a ovest fino in Europa e in Libia; a sud includono l'Egitto, la Mesopotamia e le coste del Golfo Persico e del Mar Arabico; infine, a est arrivano sino alla valle del fiume Indo. Pensate, inoltre, che al suo apice si calcola che la metà della popolazione mondiale viva nell'Impero persiano. Capite, quindi, quanto è sconfinato e potente?

I Persiani vengono dalla Persia, l'Iran di oggi. Il cuore dei loro territori comprende i regni un tempo governati dagli Assiri e dai Babilonesi. Rispetto agli Assiri, i Persiani si distinguono per la tolleranza verso l'arte e le credenze degli altri popoli dell'Impero. Questo significa che i loro monumenti sono uno splendido incontro delle civiltà che dominano. Ha cinque diverse capitali: Persepoli, Susa, Ecbatana, Babilonia e Pasargade. Dai bassorilievi delle regge, decorati con iscrizioni, gli archeologi hanno scoperto che il Gran Re si fa chiamare anche così: **RE DEI QUATTRO ANGOLI DELLA TERRA**, oppure nientemeno che... **RE DELL'UNIVERSO**!

Questa storia di *Alessandro Magno*
è stata colorata da:

Nome ....

Città o paese ....

Che giorno è oggi ....

La voglio appendere qui ....

GAUGAMELA

"Alessandro, intanto, aveva conquistato tutti i territori fino all'Eufrate, e mosse all'attacco di Dario, che veniva allo sconto con un milione di soldati [...] i due eserciti erano schierati l'uno di fronte all'altro. Dario teneva l'esercito pronto in armi e controllava lo schieramento alla luce delle fiaccole; Alessandro invece, mentre i macedoni riposavano, stava davanti alla sua tenda con l'indovino Aristandro a celebrare segreti riti misterici e a sacrificare animali in onore a Phobos, il divino Terrore"

Plutarco, *Vita di Alessandro* - 31.

Nei due anni successivi alla battaglia di Isso, Alessandro conquista la costa mediterranea dei Fenici e scende in Egitto, dove viene proclamato faraone. Si muove poi verso Oriente e conquista uno dopo l'altro tutti i territori che dal mare arrivano al fiume Eufrate, in Iraq.

Nel frattempo, Dario non è rimasto con le mani in mano: medita una vendetta spietata e rimane saldamente padrone di un Impero che si estende, ricordiamolo, fino all'India. Grazie ai suoi territori, raduna un esercito enorme. C'è chi dice che abbia riunito un milione di effettivi; in ogni caso, ha almeno centomila uomini, il doppio dei Macedoni.

Non solo. Dario questa volta vuole dare battaglia in un campo ampio e libero, che gli permetta di sfruttare la sua enorme superiorità numerica. Attende Alessandro in una pianura vicino a Mosul: il posto si chiama GAUGAMELA, che significa "casa del cammello", perché vicina a una collina con due gobbe.

Si dice, poi, che Dario abbia fatto spianare e livellare la pianura per averla piatta e scorrevole. Sapete perché? Così potrà sfruttare al meglio la sua arma segreta: duecento CARRI DA GUERRA FALCATI. Trainati ognuno da quattro cavalli, hanno delle lame affilate come spade sulle ruote. Lanciati al galoppo, sfondano e devastano le linee avversarie... tagliando i fanti nemici a pezzi!

I CARRI FALCATI E LA STRATEGIA
IMPAVIDA DI ALESSANDRO

La notte prima dello scontro, i Macedoni si trovano di fronte una marea di nemici, che riconoscono dalle fiaccole accese dai Persiani di guardia. Alessandro, per la prima volta, ha paura. Così tanta che decide di pregare il dio greco del Terrore, PHOBOS; solo lui potrà aiutarlo a vincere l'ansia: deve concentrarsi e preparare un piano per l'indomani.

Sorge il sole del primo ottobre del 331 a.C. I Macedoni dispongono la falange al centro, Parmenione a sinistra, Alessandro a destra. Dario, invece, è al centro, nel cuore dell'esercito imperiale. Proprio quest'ultimo rompe gli indugi, scagliando i suoi carri contro le linee nemiche. Ma c'è un primo colpo di scena: i Macedoni si spostano di lato, per creare un corridoio nel proprio schieramento, incanalando i carri nemici, che vengono sopraffatti.

Alessandro, poi, ha un' idea temeraria. Per creare un diversivo, guida i suoi etèri al galoppo verso l'esterno degli schieramenti. Dario non ha alternative, lo fa inseguire dalla sua ala sinistra. Ma è una trappola! Alessandro fa un'improvvisa inversione a "U", si lancia al galoppo nel cuore dello schieramento persiano e arriva a un passo da Dario. Il Gran Re non ha scelta: abbandona il cocchio e fugge a cavallo. L'esercito persiano, senza il suo condottiero, si disperde pezzo dopo pezzo. Ancora una volta, l'audacia di Alessandro ha condotto lui e i suoi a una vittoria da leggenda.

Questa storia di *Alessandro Magno*
è stata colorata da:

Nome ....

Città o paese ....

Che giorno è oggi ....

La voglio appendere qui ....

BABILONIA

"Meraviglia celebrata nei racconti dei Greci, al sommo della rocca si trovano i giardini pensili, pari in altezza al livello superiore delle mura, ameni per l'ombra di numerose piante d'alto fusto. I pilastri che ne sostengono il peso complessivo sono costruiti in pietra; al di sopra di essi è stata gettata una solettatura di blocchi squadrati in grado di contenere il terriccio, che vi cospargono abbondante, e l'acqua con cui viene irrigata la terra; la struttura ospita alberi talmente maestosi che raggiungono gli otto cubiti di circonferenza al tronco, i cinquanta piedi in altezza, e fruttificano come se ricavassero nutrimento dal loro habitat"

Curzio Rufo, *Storie di Alessandro Magno*
Libro V, Capitolo 1, 32-33

L'epilogo della battaglia di Gaugamela non permette ad Alessandro di fare ciò che vuole più di ogni cosa, cioè catturare Dario per ottenere una vittoria completa. Questo perché, quando il centro dei Persiani cede e Dario fugge, al nostro protagonista giunge la richiesta disperata di Parmenione, che sta per essere sopraffatto dai nemici sull'ala sinistra. Alessandro, riluttante ma sempre attento ai suoi soldati prima di tutto, è costretto ad abbandonare l'idea di dare la caccia all'imperatore, per salvare Parmenione. Otterrà comunque una vittoria clamorosa: perde milleduecento Macedoni, ma per i Persiani è una catastrofe da cinquantatremila caduti.

Mentre Dario fugge verso l'est più profondo del suo sconfinato Impero, inseguendo il sogno di riorganizzarsi per la vendetta, Alessandro punta su Babilonia, la metropoli più fiorente dell'Impero persiano. Siamo vicini a dove oggi c'è Baghdad. Marcia sulla città in assetto da guerra; tuttavia, le porte gli vengono spalancate. A sorpresa, i dignitari locali escono per dargli il benvenuto: gli abitanti lo accoglieranno come il nuovo Gran Re.

Babilonia è da duecento anni sotto il dominio persiano. Eppure la città è così antica che ha già alle sue spalle almeno millecinquecento anni di storia. Le sue mura sono poderose, i palazzi maestosi, la cultura raffinata... e, in mezzo al deserto, ci sono i più incredibili GIARDINI.

I Giardini pensili di Babilonia, meraviglia del mondo

I Giardini pensili di Babilonia sono così incredibili da essere considerati una delle sette meraviglie del mondo antico, una serie di monumenti celebri che comprende: la Piramide di Cheope in Egitto, i Giardini pensili di Babilonia, il Tempio di Artemide a Efeso, la Statua di Zeus a Olimpia, il Mausoleo di Alicarnasso, il Colosso di Rodi, il Faro di Alessandria.

I Babilonesi sono un popolo di innovatori. Il CODICE DI HAMMURABI, illustre re vissuto nel XVIII secolo a.C., è forse la più antica raccolta di leggi scritte. Il calendario che usiamo oggi, inoltre, è stato concepito per la prima volta proprio dagli astronomi di Babilonia: hanno diviso l'anno in mesi, i mesi in settimane e, infine, i giorni in ore.

Per essere astronomi bisogna essere bravi matematici; solo matematici esperti, poi, possono diventare grandi ingegneri. Si racconta che il re Nabucodonosor II, nel 590 a.C., abbia commissionato ai suoi costruttori un complesso di giardini sopraelevati, composti di aiuole giganti, sorrette da colonne di pietra e irrigate con un sistema ingegnoso. Possiamo ora metterci nei panni di Alessandro: ammiriamo coi suoi occhi questo prodigio d'antico giardinaggio, nel bel mezzo dell'arido deserto.

Questa storia di *Alessandro Magno*
è stata colorata da:

Nome...

Città o paese...

Che giorno è oggi..

La voglio appendere qui....................................

ROSSANE

"Quanto alla vicenda con Rossane, si trattò di una storia d'amore: la vide giovane e bella mentre danzava in un simposio. Una storia d'amore ma perfettamente in armonia con i suoi progetti politici; infatti i barbari furono rincuorati dal matrimonio che stringeva un vincolo con loro e apprezzarono profondamente Alessandro perché lui, che sapeva tenere a freno le proprie passioni, non volle toccare questa donna, la sola che riuscì a legarlo a sé, prima del matrimonio ufficiale"

Plutarco, *Vita di Alessandro* - 47.

Colmati gli occhi con le bellezze lussuose di Babilonia, l'animo di Alessandro non può sopportare l'attesa. L'Impero persiano, poi, è sconfinato e il nostro protagonista è ben lontano dall'aver visto tutto.

La prossima destinazione è un'altra delle capitali: SUSA, nell'Iran di oggi. Qui Alessandro può sedersi sul trono di Dario e impadronirsi di nuove e sconfinate ricchezze. Infine, può rispedire indietro ad Atene tutte le statue e i tesori artistici sottratti centocinquant'anni prima da Serse ai Greci, durante le battaglie vinte da questo famosissimo Gran Re, una volta sconfitte le *poleis*.

Da lì la spedizione macedone penetra ancora di più nel cuore dell'Impero, giungendo alla "capitale delle capitali", PERSEPOLI. È il centro religioso dei possedimenti di Dario, ricco di palazzi da sogno: la Porta delle Nazioni, l'Apadana, il Tachara, il Palazzo Hadish, il Palazzo delle cento colonne. Alessandro varca le porte di Persepoli nel gennaio del 330 a.C., tre mesi dopo la vittoria di Gaugamela.

Qui entra in possesso del tesoro custodito in città: centoventimila talenti. Un **talento** equivale a ventisei chili d'argento, che oggi varrebbero 15.600 €. Quindi Alessandro, col solo bottino di Persepoli, aggiunge quasi due miliardi di euro alle sue finanze, rese immense a suon di conquiste: regna da soli sei anni, ma è già diventato l'uomo più ricco del mondo.

LA FINE DI DARIO E LA STORIA D'AMORE CON ROSSANE

Nel maggio del 330 a.C. Alessandro riprende la caccia a Dario, in direzione della Teheran di oggi. Qui apprende che i generali del rivale si sono ribellati: hanno imprigionato l'imperatore, prendendo per sé il potere. Ora, raggiungere il convoglio ribelle diventa una corsa contro il tempo. E, quando finalmente ci riesce, è troppo tardi. Presi dalla paura, i comandanti che hanno tradito Dario lo **TRAFIGGONO** ripetutamente con le loro lance. Il macedone Polistrato lo trova, agonizzante, per primo e lo vede, per ultimo, in vita.

Con la morte di Dario III, finisce una dinastia secolare e Alessandro è il successore legittimo del Gran Re. Partito dalla Macedonia, è divenuto il dominatore dell'Asia. Ma, mentre i suoi generali si sentono superiori agli Orientali, lui intuisce che la via per riunire tutto l'Impero è quella dell'integrazione delle etnie che lo compongono, con la comprensione delle loro culture e cerimoniali. Avanzando verso l'Afghanistan, ha l'occasione di dimostrarlo con i fatti.

Ai piedi della catena dell'**Hindu Kush** sconfigge Ossiarte, signore della Battriana, catturandolo assieme alla famiglia. Sua figlia, **ROSSANE**, è una giovane donna forte, con gli occhi profondi, la pelle abbronzata e i capelli neri. Alessandro se ne innamora a prima vista. La sposerà subito, secondo i costumi del luogo, in segno di unione e riconciliazione.

Questa storia di *Alessandro Magno*
è stata colorata da:

Nome ....

Città o paese ....

Che giorno è oggi ....

La voglio appendere qui ....

PORO E GLI ELEFANTI D'INDIA

"La maggior parte degli storici concorda sul fatto che Poro [...] per taglia e prestanza fisica era proporzionato a un elefante quanto lo è un uomo di taglia normale a un cavallo, sebbene l'elefante sia un animale molto grande. Il suo elefante, inoltre, era straordinariamente intelligente e mostrava una grande cura per il re: finché il re fu in forze, respingeva con vigore gli aggressori e li massacrava; quando poi si accorse che il re era debilitato per i colpi e le ferite, temendo che scivolasse, si piegò dolcemente sulle ginocchia fino a terra e con la proboscide prese con delicatezza a uno a uno i giavellotti che lo avevano trafitto"

Plutarco, *Vita di Alessandro* - 60.

È il 327 a.C. e l'Impero persiano è sconfitto. Alessandro è il padrone dell'Asia conosciuta e avvia una politica di integrazione. Fedele a essa, ma anche perdutamente innamorato, sposa una principessa della Battriana, una provincia ai confini con l'Afghanistan: si tratta dell'affascinante Rossane.

Intanto, Alessandro attraversa con il suo esercito multietnico le montagne innevate dell'Hindu Kush. Sono creste colossali, che arrivano fino a settemila metri di altitudine, all'inizio della catena dell'Himalaya. Conoscendo il nostro condottiero, possiamo immaginare lo spirito d'avventura che pervade il suo animo e quello della spedizione mentre, valicando il passo Khyber, discende attraverso il Pakistan. Di fronte si apre, sconfinata, l'India: davanti c'è un fiume, che si chiama IDASPE, mentre dall'altra parte c'è il potente regno di Poro. È il 326 a.C. e l'ultima grande battaglia sta per iniziare.

PORO se ne sta fiero in mezzo al suo schieramento, a guardia della riva opposta dell'Idaspe. A disposizione ha oltre cinquantamila uomini e duecento elefanti da guerra. Si dice, poi, che Poro sia enorme: sull'ELEFANTE, la sua prestanza fisica, in proporzione, è uguale a quella di un uomo normale rispetto a un cavallo. Grande e grosso, svetta come un avversario forte e temibile, l'ultimo grande nemico del nostro Alessandro.

LO SCONTRO CON GLI ELEFANTI E LA MORTE DI BUCEFALO

Per vincere questa battaglia, serve uno stratagemma. Alessandro ordina ai suoi di fare rumore per tanti giorni, abituando così i rivali al fatto che ci siano dei movimenti tra le sue linee. Approfittando del diversivo, in una notte tempestosa e senza luna, si stacca dall'ala sinistra dello schieramento e si avvia a esplorare la riva del fiume. Trova un'isoletta in mezzo all'Idaspe: è un ponte naturale, perfetto da guadare con la cavalleria dei compagni.

Poro scopre l'inganno e capisce che Alessandro sta guidando le truppe di qua dal fiume. Lo attacca con tutti i suoi, lasciando un piccolo presidio a fronteggiare i Macedoni rimasti dall'altra parte. Proprio questi, però, ricevono l'ordine di attaccare, così che le armate indiane finiscano accerchiate tra i Macedoni, che sono sulla riva di fronte, e l'avanzata di Alessandro. Lo scontro è aspro. I sovrani si fronteggiano.

Poro viene ferito da nove GIAVELLOTTI: il suo elefante, intelligentissimo, si inginocchia per farlo scendere e gli toglie con la proboscide le tremende aste dal corpo. Alessandro ha vinto, ma Bucefalo è gravemente ferito; morirà pochi giorni dopo e il suo padrone, sconvolto dal dolore, gli dedicherà una città, ALESSANDRIA BUCEFALA.

Questa storia di *Alessandro Magno*
è stata colorata da:

Nome ....

Città o paese ....

Che giorno è oggi ....

La voglio appendere qui ....

UN NUOVO MONDO MULTIETNICO

"Poro fu catturato e Alessandro gli chiese come volesse essere trattato: «Da re» rispose. Chiese se avesse altro da dire, e Poro aggiunse: «Nel "da re" c'è tutto». Alessandro non solo non lo esautorò del potere sul suo regno, ma lo nominò satrapo e annesse alla satrapia anche un'altra regione che prima era autonoma, un territorio che comprendeva quindici popoli, cinquemila importanti città e moltissimi villaggi. Quindi conquistò un'altra regione tre volte più grande di quella e ne fece una satrapia che affidò a Filippo, uno dei suoi compagni"

Plutarco, *Vita di Alessandro* - 60.

Alessandro sconfigge Poro sul fiume Idaspe. L'ultima sua grande battaglia si svolge a quasi seimila chilometri da dove partì la spedizione. Il successo è spettacolare e la gloria per i Macedoni immensa. Tuttavia, non umilia gli sconfitti: a Poro viene restituito il regno e non solo! Ad esso viene annessa tutta la regione circostante, nella quale abitano quindici altri popoli in cinquemila villaggi. Infine, viene nominato SATRAPO, ovvero "governatore".

Ora, se facciamo un piccolo passo indietro, ci possiamo ricordare che Alessandro, a Babilonia, prima città dell'Impero a cadere nelle sue mani, entra dalla porta di Ishtar, accolto dal governo cittadino e dalla popolazione in festa. Qui Alessandro decide che il satrapo locale deve restare al suo posto: nessuno meglio di un rappresentante del luogo potrà aiutare i Macedoni nel governo.

Successivamente, Alessandro conquista Susa e Persepoli, centri nevralgici del potere persiano. Infine, con la morte di Dario, a tutti gli effetti diviene il successore del Gran Re. Questo cambia molto il suo modo di vedere le cose: adesso non è più solo il re dei Macedoni, ma l'IMPERATORE di un immenso territorio multietnico, che corre dalla Grecia al Pakistan. E lui vuole essere una guida per tutti: sposa una principessa locale, Rossane; inizia a vestirsi un po' da Macedone e un po' da Persiano; adotta divinità e cerimoniali locali.

DA UN POPOLO DI "BARBARI" AI MATRIMONI DI SUSA

Il "nuovo" Alessandro non piace a molti suoi compagni. I Greci hanno dei pregiudizi: per loro i Persiani sono i nemici di sempre; fin dalle battaglie delle Termopili e di Maratona, non c'è uno scontro di popoli e culture più infiammato.

L'Oriente, per un cittadino delle *poleis*, è terra di schiavi sottomessi, sono "barbari". Il termine BÁRBAROS per un greco significa "balbuziente", perché chi non parla il greco si esprime in maniera incomprensibile, quasi balbettando: non usa una lingua vera e propria, ma fa «bar bar». L'origine del nome è quindi questa: tutti coloro che non sono Greci, si esprimono a versi.

Alessandro, però, sceglie la via dell'**integrazione** tra popoli. Questo, certo, alla luce di un progetto politico; ma accade soprattutto nel contatto diretto con culture raffinate e affascinanti - come quelle assira, babilonese e persiana - che hanno millenni di storia.

Alessandro è convinto di questa visione e si mostra pragmatico, tanto che, una volta tornato a Susa, organizzerà il più grande MATRIMONIO misto collettivo di sempre: ordina a ottanta dei suoi ufficiali di sposare altrettante donne dei territori conquistati. Lui stesso sposerà la figlia di Dario, Statira, e quella del suo predecessore, Parisatide. Con Rossane, avrà tre mogli in tutto: la poligamia, al tempo, è una cosa del tutto normale.

Questa storia di *Alessandro Magno*
è stata colorata da:

Nome..

Città o paese...

Che giorno è oggi...

La voglio appendere qui..

AI CONFINI DELLA TERRA

"La battaglia contro Poro aveva stremato i macedoni e l'avanzata verso l'India si arrestò: avevano respinto un re che li aveva attaccati con ventimila fanti e duemila cavalieri e si opposero con forza ad Alessandro che voleva costringerli a passare anche il Gange, perché erano venuti a sapere che quel fiume era largo trentadue stadi e profondo cento braccia, e che la sponda opposta era ricoperta da un numero sterminato di soldati, di cavalieri e di elefanti. Si diceva infatti che ci fossero ottantamila cavalieri, duecentomila soldati, ottomila carri e seimila elefanti da combattimento che li attendevano"

Plutarco, *Vita di Alessandro* - 62.

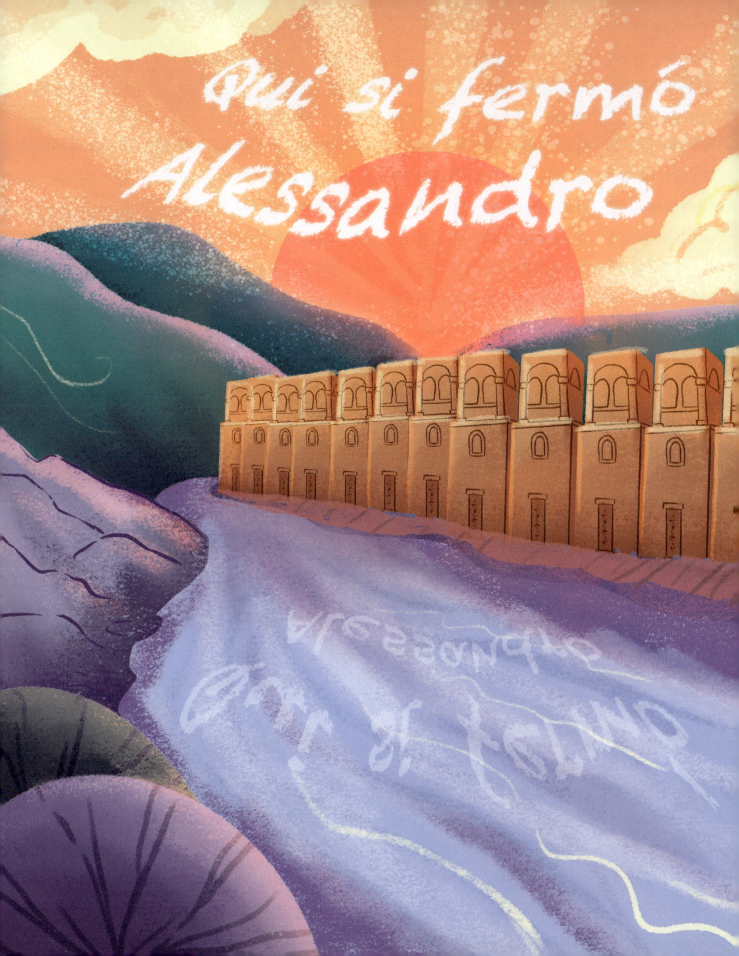

opo la battaglia dell'Idaspe, Alessandro, mai sazio di scoperte ed esplorazioni, vuole spingersi fino alla fine delle terre emerse. Dalla valle dell'Indo, tra Pakistan e India, non resta che un nuovo obiettivo, un altro fiume: il Gange, ampio, profondo e lungo. I suoi uomini, però, non la pensano allo stesso modo. Dopo aver marciato per decine di migliaia di chilometri - dalla Macedonia attraverso la Turchia, giù fino all'Egitto e poi di nuovo su in Medio Oriente, in Iraq, in Iran, in Pakistan, fino all'India - i suoi uomini, insomma, sono esausti!

Dobbiamo, ora, metterci nei panni di queste persone. I soldati stanno marciando sotto le piogge incessanti, tra gli insetti, le belve e i serpenti velenosi della giungla indiana: vogliono tornare a casa. Gli ufficiali sono spaventati di viaggiare sempre più verso l'ignoto: nessuna spedizione si è mai spinta dall'Europa fino a lì.

Lo stesso Aristotele, nelle lezioni di geografia impartite ad Alessandro e ai suoi compagni di classe, che ora sono diventati suoi compagni e generali, non saprebbe come consigliarli: ha sempre ripetuto che dalle vette dell'Hindu Kush, che salgono fino a settemila metri, si sarebbero dovuti vedere i confini del mondo - cioè l'OCEANO ULTIMO, che avvolge tutte le terre emerse. Eppure, questo non è successo: la Terra è ben più vasta di quello che pensano anche i sapienti del tempo.

AMMUTINAMENTO!
E UN NUOVO CONFINE: LE DODICI TORRI

L'esercito di Alessandro ha marciato vittorioso attraverso tre continenti: partendo dall'Europa, è riuscito a conquistare tutte le terre segnate sulle antiche mappe dell'Africa e dell'Asia. Tre battaglie sono passate alla leggenda: Granico, Isso e Gaugamela. L'ultimo scontro, con Poro, non solo è stato drammatico per via degli elefanti da guerra, ma li ha portati in una terra ignota e pericolosa.

Alessandro distribuisce gli ordini: vuole proseguire verso il Gange, altrimenti considererà la spedizione un insuccesso. I soldati, però, sono stremati e gli etèri non vogliono andare più avanti. Sembra che dall'altra parte del Gange ci sia un muro di nemici con trecentomila uomini e seimila elefanti da guerra, enormi e temibili. L'esercito è irremovibile: decide per l'ammutinamento, rifiutando gli ordini. Tutti vogliono tornare a casa!

Alessandro si sente tradito. Il suo desiderio di conquista è insaziabile. Non riesce ad accettare la resa ora che sono così vicini alla fine del mondo. Per giorni e notti si chiude nella sua tenda. Poi, però, i pianti dei soldati lo convincono: si torna indietro. Sulla riva sinistra del fiume Beas, in Punjab, fa costruire DODICI TORRI di confine, dodici come gli dèi dell'Olimpo. Ognuna con una colonna di bronzo e una scritta al centro: "Qui si fermò Alessandro".

Questa storia di *Alessandro Magno*
è stata colorata da:

Nome ....

Città o paese ....

Che giorno è oggi ....

La voglio appendere qui ....

SCONFITTA NEL DESERTO

"Da lì Alessandro mosse per raggiungere il mare esterno, l'Oceano [...] Il viaggio attraverso i fiumi durò sette mesi [...] Alle navi diede l'ordine di circumnavigare il continente, lasciandosi alla destra l'India: pose a capo della flotta Nearco [...] Quanto a lui, si mise in marcia, via terra, guidando l'esercito verso le terre degli Oriti, dove si trovò in una situazione di difficoltà estrema: perse un gran numero di uomini, al punto che dall'India non riportò nemmeno un quarto dell'esercito, e si calcola che i soldati erano centoventimila e i cavalieri quindicimila [...] A fatica, in sessanta giorni, riuscì ad attraversare questa regione"

Plutarco, *Vita di Alessandro* - 63-66.

Alessandro è giunto oltre i confini del mondo conosciuto. Il desiderio di conquista e di esplorazione lo porterebbe ancora più avanti verso l'Oriente, alla fine delle terre emerse. In mezzo c'è il Gange, oltre il quale si dice che i nemici li aspettino, infiniti. Le piogge continue e la giungla inospitale hanno però demoralizzato tutti: l'esercito si rifiuta di proseguire. Il condottiero ascolta i malumori della truppa e, a malincuore, cede alla volontà dei suoi di tornare indietro.

Certo, non è il tipo da organizzare il ritorno sulla via già percorsa all'andata. Decide quindi di far costruire una flotta di zattere sterminata: con essa discenderanno gli affluenti dell'Indo, fino alla foce di quest'ultimo. Lì li aspetta l'Oceano, il MARE ESTERNO, l'estensione sconfinata d'acqua che corre attorno alle terre emerse.

Di nuovo il desiderio di incessante ricerca lo attanaglia. Il ritorno dalla costa dell'India dovrà essere su tre percorsi diversi. A Nearco affida il comando della flotta: lasciandosi l'India sulla destra, percorrerà tutta la costa ed entrerà nel golfo Persico. A Cratero, altro compagno delle lezioni con Aristotele, affida invece un contingente di spedizione di terra, che taglierà l'Afghanistan meridionale per tornare poi in Iran. Per sé, Alessandro sceglie invece una via impossibile: guidare il resto dell'esercito sulla costa meridionale dell'Iran, attraverso il deserto impossibile della GEDROSIA.

UN VIAGGIO TEMERARIO, ATTRAVERSO IL DESERTO INOSPITALE

Alessandro, lo sappiamo, va ben oltre il puro coraggio: è temerario! Questo viaggio nel deserto è quasi una pazzia. Certo, è anche un grande organizzatore e ha previsto una logistica che gli permetta di ricevere approvvigionamenti sia dal mare che dall'interno, mentre viaggia coi suoi dove nessuno prima di lui ha osato marciare.

Tuttavia, qualcosa non funziona: i rifornimenti non arrivano, i giorni passano infuocati, l'esercito di Alessandro viaggia di notte e riposa di giorno, tanto è la calura in Gedrosia. Il primo problema è la fame, perché nel deserto non ci sono terreni coltivati o animali d'allevamento. Il secondo è quello dell'acqua, che bisogna prelevare dai pozzi, rarissimi nel deserto. Questi due impedimenti, la cattiva alimentazione e l'assenza d'acqua, portano delle TERRIBILI PESTILENZE.

La traversata della Gedrosia dura sessanta giorni e, sebbene l'esercito arrivi in Carmania, il prezzo è stato enorme: delle centotrentacinquemila persone partite, più di un quarto è morto o disperso. Solo il deserto è riuscito in ciò che per tutti i mortali è stato impossibile: SCONFIGGERE Alessandro Magno.

Questa storia di *Alessandro Magno*
è stata colorata da:

Nome...

Città o paese..

Che giorno è oggi...

La voglio appendere qui...

L'ULTIMA FESTA

"Alcuni hanno scritto che egli dal luogo dove beveva voleva ritirarsi nella sua stanza; ma Medio, allora il più fidato dei Compagni, imbattendosi in lui gli chiese di andare a far baldoria: sarebbe stata una bella festa [...] Dicono che egli, mentre l'esercito gli passava accanto, era già senza voce, ma salutò ciascuno facendo a fatica un cenno del capo e muovendo gli occhi [...] Alessandro dunque morì nella centoquattordicesima olimpiade, mentre ad Atene era arconte Egesia; visse trentadue anni e otto mesi [...] fu fisicamente molto bello, assai amante della fatica, intelligente, coraggioso, ambizioso, sprezzante del pericolo"

Arriano, *Anabasi di Alessandro* - VII, 24. 4, 26. 1, 28. 1

Siamo nel 325 a.C. e la tragica avventura nel deserto è appena terminata. L'esercito viene da due mesi di privazioni. Per lasciarsi i rimorsi alle spalle, Alessandro attraversa la Carmania alla testa di un corteo in onore di Dioniso, il dio del vino e delle feste più sfrenate. Il condottiero siede su una piattaforma sopraelevata, poggiata su un carro, trainato da otto cavalli, ben in vista dai suoi soldati. Il corteo coinvolge dal primo all'ultimo militare. Non c'è un elmo, una sarissa, uno scudo: solo coppe piene di vino, musica, danze ed euforia. La FESTA va avanti giorno e notte, per una settimana.

La spedizione guidata da Cratero si riunisce a quella di Alessandro, lì dove verrà fondata una nuova città, Alessandria in Carmania. Nearco, ammiraglio della flotta, è anch'egli sano e salvo e porta il resoconto della sua traversata. Alessandro ne è entusiasta: pensa di costruire una nuova flotta e guidarla egli stesso alla conquista dell'Arabia, per poi da lì circumnavigare l'Africa ed entrare nel Mediterraneo attraverso le colonne d'Ercole. Prima, però, è tempo di andare a Susa e dedicarsi alla politica.

Qui, come sappiamo, nel 324 a.C., Alessandro organizza il matrimonio misto più spettacolare di sempre, per dare vita a nuove famiglie con membri che uniscono tutto l'Impero. Inoltre, passa in rassegna un nuovo corpo militare, anch'esso concepito con principi multiculturali: una falange macedone... fatta di trentamila Persiani!

COME NELL'ILIADE:
IL DESTINO DI DUE AMICI INSEPARABILI

Nell'inverno del 324 a.C., Alessandro trasferisce la corte da Susa a Ecbatana per la stagione fredda, secondo la tradizione persiana. Là Efestione, l'amico di sempre, prende una brutta febbre. Il dottore gli consiglia riposo e una dieta ferrea, ma lui, incontenibile, scappa dal letto e si unisce a un banchetto, dove mangia un pollo intero e beve una bottiglia di vino.

Si sente subito male e, dopo qualche giorno, muore. Nulla può salvare Alessandro dal suo dolore. In segno di lutto, fa tagliare la criniera ai cavalli dell'esercito, abbatte le mura di tutte le città vicine, vieta la musica nell'accampamento e punisce il dottore che si è fatto scappare il malato con la morte.

Achille e Patroclo, gli inseparabili amici-eroi dell'*Iliade*, cui Alessandro ed Efestione sono paragonati da sempre, muoiono a poca distanza l'uno dall'altro. Un **destino tragico** che legherà pure i nostri protagonisti. Sei mesi dopo la morte del compagno, Alessandro è a una festa a Babilonia. Beve moltissimo, da vero macedone, e continua così per tutta la notte. La mattina dopo lo coglie però un violento attacco di febbre e, per dodici giorni e dodici notti, non fa che peggiorare. Nelle ultime quarantotto ore di vita, i soldati sfilano uno a uno davanti al suo letto: lui saluta tutti, con le ultime forze. Alessandro Magno muore il 10 giugno del 323 a.C.

Questa storia di *Alessandro Magno*
è stata colorata da:

Nome ....

Città o paese ....

Che giorno è oggi ....

La voglio appendere qui ....

CONCLUSIONE

Siamo arrivati alla fine di questa avventura, dal cuore del Mediterraneo ai confini del mondo conosciuto di duemilatrecento anni fa. Del viaggio di Alessandro abbiamo raccontato venticinque storie, vivendo con lui scontri memorabili, ma anche conoscendo personaggi famosi, le loro genti e le loro terre. Lo abbiamo fatto pensando a divertirci: leggendo, guardando, colorando.

Eppure questa storia ci fa riflettere ancora oggi, perché parla del confronto tra "diversi", tra Occidente e Oriente: allora come oggi le persone la vedono in modo diverso. Oggi come allora qualcuno è sicuro che la propria storia e la propria cultura siano le migliori: pensa cioè che chi viene da lontano, vive e parla in maniera diversa, non sia come noi, ma soltanto un nuovo barbaro.

Tuttavia, adesso sappiamo che possiamo continuare a meravigliarci, di fronte all'immensità del mondo e alla varietà dei suoi abitanti, alle esperienze e agli incontri con le persone più diverse. Li possiamo vivere senza pregiudizi, ma piuttosto con l'irresistibile sete di scoperta che così spesso ha preso Alessandro nel suo viaggio.

Speriamo che questa avventura vi sia piaciuta. Se è così, fatecelo sapere con una recensione su Amazon. Oppure, trasformate i vostri disegni in un post sui social. Così, questa volta, saremo noi a seguire voi.

Federico Corradini

è un semiologo. Studia le strutture narrative dei classici per applicarle alla comunicazione di oggi. Tiene lezioni sul rapporto tra innovazione e discipline umanistiche in università e in azienda. Lavora all'integrazione tra big data, semiotica e antropologia per XChannel, società che ha fondato nel 2014. Nel 2021 ha aperto Prometeica, pubblicando, nella collana per bambini e genitori curiosi, i tre volumi di "Dante per bambini", "Virgilio per bambini", "Manzoni per bambini" e, per la collana prescolare, "Dante da colorare" nei tre volumi corrispondenti a Inferno, Purgatorio e Paradiso.

Silvia Baroncelli

ha frequentato l'Accademia di Belle Arti di Firenze, si è poi trasferita a Londra come Artist in Residence presso il British Museum. Lavora come illustratrice dal 2005, pubblicando titoli con editori italiani e stranieri. Le sue illustrazioni hanno ricevuto premi e riconoscimenti. Nel 2016 è eletta "Illustratore dell'anno" nel concorso indetto da "Città del Sole". È docente presso la Libera Accademia di Belle Arti di Firenze e tiene workshop di illustrazione per scuole d'arte.

Eugenio Lo Sardo

è professore, studioso, archivista e curatore. Direttore dell'Archivio di Stato di Roma (2009-2014) e successivamente dell'Archivio di Stato Italiano (2014-2018), ha curato alcune importanti mostre. La sua principale area di interesse è la storia della civiltà europea alle sue origini e ai suoi confini: la sua attuale ricerca su Alessandro Magno e l'Oriente coinvolge entrambi questi aspetti.

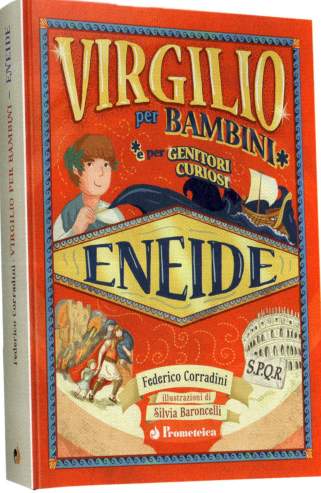
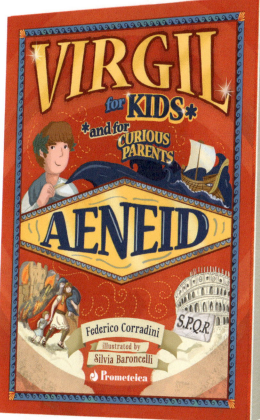

150°
ANNIVERSARIO

Manzoni
per BAMBINI
e per genitori curiosi

I PROMESSI SPOSI

Federico Corradini

illustrazioni di
Silvia Baroncelli

Prometeica

6+
a partire
dai 6 anni

25 storie

25 tavole a colori

25 disegni da colorare

Casa Editrice

Prometeica

MILANO   info@prometeica.eu   @prometeica
www.prometeica.eu

Edizione

Prometeica

Prometeica è un marchio di proprietà di XChannel S.r.l.
Galleria Buenos Aires, 11 - 20124 Milano
info@prometeica.eu - www.prometeica.eu
C. F. / P. I. 08568980968

Finito di stampare
nel mese di maggio 2023
da Tipografia Bonazzi grafica srl
Via Francia, 1 - 23100 Sondrio
Tel: +39 0342 216112 - info@bonazzi.it - www.bonazzi.it
C. F. / P. I. 06218070156